EURÍPEDES BARSANULFO

MENSAJES QUE ILUMINAN Y CONSUELAN

EURÍPEDES BARSANULFO

MENSAJES QUE ILUMINAN Y CONSUELAN

LUZ | CARIDAD | FE | JESÚS
COLECCIÓN DE PSICOGRAFÍAS

MÉDIUM
ELIANA DOS SANTOS

Cárita Valencia Ediciones
Libros por panes

Mensajes que iluminan y consuelan
Eliana dos Santos
Espíritu Eurípedes Barsanulfo
ISBN 978-84-942975-7-1
2ª edición: abril 2016
Traducción del original en portugués:
Mensagens que iluminam e consolam
© 2001 Cárita Editora Espírita, Brasil
© 2016 Cárita Valencia Ediciones, España
Traducción María Carmen Almudéver Fort
Revisión Danièle Marret y José Plaza Caravaca
Proyecto editorial Luciana Reis Gonçalves y Raquel Plaza Toldrá
Todos los derechos reservados
Cárita Valencia Ediciones
Calle Santa Amalia, 2 - sótano local 40 · 46009 Valencia
Tel. +34 634 617 453 · +34 686 179 057
Distribuye: www.libreriaespirita.com · info@libreriaespirita.com

El equipo espiritual que dirige los trabajos editoriales, recomendó por vía mediúmnica, a través de la médium Eliana dos Santos, esclarecer algunos detalles acerca de la producción editorial de Cárita Valencia Ediciones.

Nuestras obras son traducidas del portugués al español por buenos corazones, personas bien intencionadas e impulsadas por el deber de llevar adelante su conjunto de convicciones. Sin embargo esclarecemos que se trata de un equipo de traducción y revisión, formado por voluntarios que todavía carecen de la adecuada formación para realizar un trabajo totalmente conforme a los estándares editoriales vigentes en España. Por ello, rogamos nos disculpen los lectores más críticos en términos lingüísticos, caso encuentren en estas líneas errores de base, tanto en la lengua de origen del texto, el portugués, como en la lengua de destino, el español.

Asimismo, animamos a toda persona bien intencionada —lectores, revisores, editores, etcétera—, a aportar cuantas sugerencias o correcciones consideren oportunas, con el fin de auxiliarnos a perfeccionar esta obra, así como otros trabajos que esta editorial publica para la divulgación del Espiritismo.

*¿Qué hacer para revestirse del hombre nuevo?
Día tras día, la educación del alma... ¡Sembrando
y recogiendo los frutos del espíritu!*

Escuela del alma

Leer en voz alta, antes de dormir, entre vuestras oraciones.

Uno de los medios para que aprendamos a cambiar nuestro campo energético está en el espacio del aprendizaje... memorizar, colocar en el alma nuevas palabras, razonamientos evangélicos, temas de amor...

Si desaguamos agua limpia en el lodazal de dolor y de desilusión, el río de la existencia se va limpiando, preciosa enseñanza que la vida nos deja, descrita por Emmanuel a través de la bendecida mediumnidad de Francisco Cândido Xavier.

En la noche de los tiempos, mensajes que iluminan y consuelan

Después de Jesús, en los años 1, 2, 3 y 4 de la era cristiana, las Casas del Camino siguieron con la lectura de la Buena Nueva, con la construcción del amor a Dios y al prójimo, a través de la atención a los necesitados, de la asistencia espiritual a los carentes y del consuelo a quienes llamaban a su puerta...

Veinte siglos después, nos encontramos en el año 1 del nuevo milenio y las Casas del Camino de ayer renacen en las casas íntimas de las actitudes cristianas y amorosas, manifestadas principalmente a través de la bandera que reúne a todos los pueblos: caridad, el taller de amor que nos trae felicidad. Como dice Emmanuel en *A Camino de la Luz*, obra de 1936, en vísperas de la 2ª Guerra Mundial: «Cuando allá fuera el mundo se prepara para las luchas más rudas y dolorosas, debemos agradecer a Jesús la felicidad de mantenernos en paz en nuestro taller, bajo la égida de su amor divino...».

En el año 1 de la nueva era, vivimos un período devastador, llamado bíblicamente «inicio de los dolores», revelado en el Apocalipsis: guerra en Oriente Medio, hambre y sida en África y en los países llamados del Tercer Mundo, destrucción de las Torres Gemelas —World Trade Center— como la punta del iceberg terrorista, desempleo masivo en el mundo, sin contar los innumerables cataclismos de la naturaleza tales como vendavales, huracanes, ciudades enteras diezmadas por los maremotos, en fin, los flagelos destructores que actúan como camino de dolor hasta la luz.

Con el mundo en dolorosas luchas, esta obra de los espíritus auxilia la construcción de la paz en nuestro taller cristiano, aunque vivamos bajo cielos intempestivos, densos y oscuros... en una especie de gran noche del alma —histórica y social— humana.

Dejamos esta humilde obra del espíritu Eurípedes Barsanulfo, *Mensajes que iluminan y consuelan,* como testimonio de la Providencia Divina en nuestras vidas, psicografías que educan nuestras almas, construyendo la Casa del Camino en la intimidad de nuestras conciencias, donde buscamos la paz y la dulzura ofrecidas por la Ley Divina.

Los editores

Luz

Hágase la luz en nuestra alma

Reflexiones recibidas mediante psicografía en la *Casa de Oração Fé e Amor*, de Campinas, los martes, en las noches de orientación espiritual, con el propósito de dejar una contribución sincera que complemente el extenso trabajo de los espíritus benevolentes en pro de la Causa Divina en el planeta.

¡Nada para mí, todo por la especie! Tal es el mandamiento absoluto de la palabra divina que escuchamos dentro de nuestro corazón. Escuchar esta palabra divina y obedecerla es lo que constituye la única nobleza de la naturaleza humana.

Pestalozzi

LUZ DEL BUEN SUFRIR

«Cuando la caridad sea la regla de conducta de los hombres, adecuarán sus actos y sus palabras a esta máxima: "No hagáis a los otros lo que no quisiereis que os hagan"»

El Evangelio Según el Espiritismo, Allan Kardec, cap. XII, ítem 14

Sé como el agua que rodea los obstáculos sin herirlos con los golpes de la acusación de ser lo que son: obstáculos.

Sé como el viento que atraviesa las barreras sin golpearlas, pues son obra del mismo Padre que lo creó.

Sé como la flor silenciosa que despunta en el jardín y no protesta por la hormiga que mutila su tronco y se alimenta de ella, ni tampoco corta la mano que arranca su tallo.

Sé como ella, la rosa de la paz, que nada murmura cuando el jardinero la poda para hacerla crecer exuberante, en la próxima floración.

El agua sabia y maleable es el amor que da significado y lo explica todo. El viento leve y rápido es el perdón que olvida y lo cubre todo. La flor blanca y preciosa es la caridad que lo ama todo y lo acepta todo, sin pedir nada a cambio.

LUZ ETERNA

«Bienaventurados los afligidos, puede, pues, traducirse de este modo: bienaventurados aquellos que tienen ocasión de probar su fe, su firmeza, su perseverancia y su sumisión a la voluntad de Dios, porque tendrán centuplicados los goces que les faltan en la Tierra y después del trabajo vendrá el descanso.»
El Evangelio Según el Espiritismo, Allan Kardec, Cap. V, ítem 18

No lamentes el sufrimiento.

¿Acaso lamenta la tierra el agua que cubre el suelo y surca los ríos, que, a su vez, fertilizan las plantas?

No lamentes el río de lágrimas que derrama tu alma, el suelo de tu alma se vuelve fértil y verás diseñarse la flor más rara en el jardín de tus días.

No lamentes el dolor.

¿Acaso escuchas gritos en mitad del maizal cuando las manos certeras del sembrador cortan la espiga del pie?

El tallo verde permanece en un adiós, se despide en silencio de la espiga y permanece allí, como rara pintura de mecánica belleza, ¡la mecánica celestial de nacer, crecer y morir!

No te lamentes, alma querida, haz silencio, que el silencio es una oración. En la oración encontrarás los ojos compasivos del Creador recogiendo en ti la cosecha de la obediencia a la ley de la creación con que fuiste creada...

¡El silencio es el Creador extendiéndose en paz en su criatura! ¡No te lamentes, agradece!

La luz altiva no se apaga, continúa intrépida ante la tiniebla. Continúa firme en su altitud y distancia, viendo tras de sí el cuerpo delgado de la sombra, cual imagen sobre el suelo, del viandante que pasa bajo el sol del mediodía. La vida: oración de paz. ¡Oídos de oír escuchan!

LUZ DE LA ESPERANZA

«Toda idea nueva forzosamente encuentra oposición, y no hay una sola que no se haya establecido sin luchas;»
El Evangelio Según el Espiritismo, Allan Kardec, Cap. XXIII ítem 12

Golpeada por el viento, la luz se apaga en la tempestad.

No transitamos el valle turbio de la desesperación con una luz en las manos, pues, si así fuese, el valle se iluminaría y el caminante se alegraría.

La desesperación es el vendaval que despedaza el paina y el algodón de los sueños de paz y de amor.

El copo suave y blanco, despedazado, se deposita en la distancia y no adorna el alma con la esperanza en el amor.

El algodón de la paz, esparcido por todas partes, se disuelve en el viento que envuelve los corazones inquietos, que olvidaron el amor.

No te olvides, ¡oh, alma querida!, de que andas como el copo al viento, desgarrado por los golpes de la insensatez.

Deja que los días y el tiempo traigan la blanca y pura vestimenta de la paz, que perdiste con tu rabia, desorientada por el dolor.

Andas, oh, alma querida, como el algodón empapado por el rocío, que bajo el peso de las gotas de agua y del exceso ya no permanece blando y ligero para el descanso en la almohada del deber cumplido. El agua de este algodón, es el llanto desmedido de tu alma, que no comprendió que recoges de lo que siembras.

¡La luz no se enciende en la tempestad! Guárdala en el interior cuidado y velado de tus oraciones, donde los vendavales del orgullo y del egoísmo jamás atraviesan las paredes fortalecidas con el barro del amor y ¡con la piedra de la confianza en Dios!

LUZ DE LA SIMPLICIDAD

«Jesús quería que los hombres fuesen a él con la confianza de esos pequeños seres de pasos vacilantes [...] sometía así a las almas a su tierna y misteriosa autoridad.»
El Evangelio Según el Espiritismo, Allan Kardec, Cap. VIII, ítem 18

Luz, luz de la inteligencia, llama intelectual que derrama cultura en las enseñanzas impartidas.

Luz, luz de la manufactura, trabajo del amor en los siglos imperecederos.

Luz, luz del corazón que irradia amor entre las comunidades durante el largo proceso civilizador de los espíritus.

Luz, luz de la caridad, la llama clara del sol crístico que esparce beneficios sobre la tierra húmeda, sobre los charcos, los beneficios del suelo más endurecido por las opiniones forjadas en la verdad y en la experiencia.

La humedad de la tierra crea moho y putrefacción, que nacen de la pereza moral del hombre más acostumbrado a recibir que a dar.

Luz, luz del perdón, la luz de la comprensión elevada a través del progreso moral instituido en la eterna propuesta del trabajo diario y reparador del alma en busca del pan de la paz.

Luz, esa es la luz de Dios en cada pequeña luz, la que hace brillar en todas las cosas y para siempre, la llama de la vida.

Luz, luz divina, luz de toda luz que conduce la marcha de la humanidad que todavía camina en la oscura senda del egoísmo insensible y opaco de las almas.

¡Luz!

Así de simple, vestido de simplicidad, ¡esa luz se llama Jesús!

Llévala en tus manos, jamás se perderá, pues como llama eterna no se apagará jamás.

Tómala como agua viva para tu sed mientras atraviesas el desierto de los afectos alterados en el cuadro menor de los compañeros que desertaron de la travesía.

Acepta esta luz como unas manos amigas que sujetan las tuyas en las horas de suprema aflicción.

En fin, lleva esta luz como tus hombros sustentan tus brazos, y el cuello tu cabeza: orden interior de lo que es, la luz de Jesús te sustenta y te hace ser lo que eres, ¡luz de Dios en la luz de Dios!

«Hermanos míos, cuando pasáis por pruebas variadas, tenedlo por grande dicha, pues sabéis que, al probarse la fe, produce paciencia, la paciencia hace perfecta la tarea, y así seréis perfectos y cabales, sin mengua alguna.»

Santiago 1:2-4

LUZ GUÍA

«¡Oh hombres! Entonces, ¿no reconoceréis el poder de vuestro
Maestro, sino cuando haya curado las llagas de vuestro cuerpo
y coronado vuestros días de beatitud y de alegría?»
El Evangelio Según el Espiritismo, Allan Kardec, Cap. V, ítem 19

¿La vida te cerró sus puertas ante tu rostro? Escucha bien, ¡oh,
alma que llora! ¡Escucha y siente si no fuiste tú acaso quien cerró
la puerta estrecha del bien ante la vida!

¿Querías recompensas por tu trabajo? ¿Ansiabas honras por tu
dedicación? ¿Medallas por tus batallas íntimas y victorias que aún
no alcanzaste?

Escucha bien, ¡oh, alma afligida!, que se aflige por olvidar: la vida
nunca abate a aquel que abraza, pues ¿qué sistema de injusticia
estaría allí inscrito y revelado?...

¿Esperar lo que no obtendrás?

De Dios, obtendrás solamente la gracia.

La gracia de vivir, que es silenciosa.

La gracia de existir, que es muda.

La gracia de ser eterno, no siendo la eternidad palpable o imagen
que pueda ser esculpida y convertida en valor en la cuenta banca-
ria de las almas o de las cosas creadas.

Cierras la puerta *estrecha de la caridad sin ostentación*, del bien anónimo, del servicio generoso y oportuno, de la cura realizada en el
recogimiento y la soledad.

¡Cierras esa puerta ante el rostro de Jesús y ni te das cuenta!

Para. Piensa. Medita. ¡Observa si en tu llanto no hay mucho de
complacencia y de rechazo prolongado hacia los caminos ofrecidos

por Dios, pura Gracia, portal de felicidad que no sabes ver y, por no verlo, pasas y cierras esa puerta sin sentir ni percibir!

Que la gracia de ver pueda alcanzar tus ojos y educarlos para que vean que la puerta de Dios nunca se cerró ni ante tu rostro ni ante tu corazón.

La puerta que hoy se cierra ante tus anhelos, en verdad, te libera de futuras pesadillas.

Intenta, ¡oh, alma afligida!, ver la bondad de Dios que te guarda de esta puerta ancha que se cierra y te impide caer. Otra se abrirá... Espera, confía, ora: ¡Dios te ayudará a seguir adelante!

LUZ DEL CORAZÓN

«Si no quisiéramos subir más alto de lo que podemos,
no temeríamos caer. Si fuésemos humildes, no
sufriríamos las decepciones del orgullo humillado.»
El Evangelio Según el Espiritismo, Allan Kardec, Cap. XXVII, ítem 12

De los riachuelos donde anidan las aguas, nacen las vegas fértiles donde el trabajo diario transforma en pan lo que antes era hierba, pasto o espino.

El ave solitaria hace su nido en los peñascos más elevados; algunas veces aterriza el cuerpo en la cóncava paz del nido después de haber alcanzado las brumas rastreras en el suelo donde buscó alimento.

El árbol se balancea con el viento acompañando, leve, el soplo de la señora vida que pasa por él sin destino cierto pero con fuerza, y le mece, saludándole:

—¡Oh, paz venturosa!, retenido no solo por la raíz, en esta tierra la vida te convierte en madre de flores y frutos en el bosque tardío, ¡anhelo de Dios!

El árbol no responde a los vientos. Solo se balancea; agradecido, continúa sustentando su follaje, brazos abiertos para acariciar a quien pasa. El viento pasa.

Hombres del mundo, inteligencias seculares, intelectos, razones calculadoras de pérdidas y ganancias, observad y aprended la lógica del amor. Esa lógica escapa a la mente deductiva, pues la deducción incluye raciocinio y ¿cómo raciocinar sensaciones? Dios es la sensación de Dios, como la fe es la sensación de la fe.

El riachuelo es el alma del humilde, que se expande pródiga en auxilio al prójimo.

El peñasco y el nido son para el ave el reposo que acompaña al progreso de toda alma que se elevó por encima de sus instintos y necesidades, sumergiéndose en el espacio cielo —azul abierto— del progreso espiritual.

¡Ah, árbol!, ¿quién eres tú sino el símbolo de la vida que viniendo del cielo bendice la tierra, que estando en la tierra bendice el cielo, tanto irguiéndose hacia lo alto como enraizándose hacia dentro y hacia abajo?

Es el alma luchadora que, obediente, cuida lo de dentro sin descuidar lo de fuera. Vela por la tierra y acoge los cielos en su corazón, entendiendo la ley sublime de que todo pertenece al Creador y es el Creador ¡Padre único de toda Vida!

LUZ DE LA MODESTIA

«El verdadero hombre de bien es el que practica la ley de justicia, de amor y de caridad en su mayor pureza.»
El Evangelio Según el Espiritismo, Allan Kardec, Cap. XVII, ítem 3

No es orgullo ser lo que se es.

No es orgullo que brille lo que realmente, es en sí, puro brillo.

La luz no se esconde, omisa o temerosa, alegando prisa o modestia ante su deber de iluminar.

Así debe ser el siervo de Jesús, el que disciplina las almas o el pescador de almas. ¿Qué hace el pescador? Pensemos y meditemos. ¿Qué hace sino disciplinar al pez, que antes navegaba suelto en la corriente, en los estrechos límites de su red?

El siervo de Jesús debe ser ese pez, que cambia la corriente libre de las aguas por la estrecha cercanía de la red de luz del amor de Dios, para servir en la cena de los hambrientos el milagro de la vida y de los servicios de amor.

Atributos tales como servir, amar, auxiliar, se asemejan al arte gentil de ser, no de tener... Ser lo que más ilumina el día, ser el sol o la llama más ardiente...

Quien tiene la luz puede perderla, pero quien es o se vuelve luz, jamás oscurece. Quien es, no deja de ser lo que es. Y el alma modesta prosigue su camino, confiando en la red de paz que la conduce mientras trabaja y evoca al Señor en favor de los afligidos.

La luz de la modestia brilla en el corazón humilde mientras sirve en el plato de la caridad el pan de la vida eterna.

EL PÉTALO DE LUZ

«El obrero de la última hora tiene derecho al salario, pero
es menester que su voluntad haya estado a disposición
del señor que debía emplearlo, y que este retraso no
sea fruto de su pereza o de su mala voluntad.»
El Evangelio Según el Espiritismo, Allan Kardec, Cap. XX, ítem 2

Cae el pétalo de una flor... el pétalo se desprende de la flor y allí
permanece aislado, solitario, sobre la mesa. Así es el alma que cae
de los brazos del Padre, árbol eterno de vida. Al caer en la mesa
del materialismo, el alma permanece solitaria, sin el auxilio vital
del oxígeno que llega a través de las hojas y sin el auxilio de los
nutrientes, que traen las raíces de este árbol de vida eterna. En el
materialismo, el alma fallece, se apaga, se cansa, se desespera y
enferma...

El hombre sin Dios es ese pétalo desprendido que se va secando y
marchitando, pues no recibe la savia que lo mantiene vivo y lleno
de energía, en el tronco robusto del árbol de luz, estrella fugaz en
el paisaje de la vida. Este pétalo, solitario, ya no podrá contemplar
la belleza de ver nacer el nuevo fruto dentro del viejo. El pétalo
caído ya no es tolerante, porque no se ve como un ser tolerado; ya
no perdona, porque olvida que es un ser perdonado; ya no ama,
porque se enfrió y ya no se siente un ser amado.

El pétalo separado de la esencia, se deforma, deja de ser parte del
árbol y de participar de los anhelos de sus compañeros de viaje.

Los pétalos separados de la humanidad son las almas que se alejan
de la nobleza que hay en el olvido de las ofensas porque, centra-
das en sí mismas, en el egoísmo, imaginan que el mundo es solo la
plana dimensión de la mesa donde cayeron, como un caminante
que cae en el abismo, e imagina que el fondo es la superficie de las
paredes escarpadas que ve a los lados.

Los pétalos caídos son generaciones de incrédulos, de almas sarcásticas y amedrentadas que no ven más allá del horizonte y no pueden imaginar que el cielo existe y planetas más allá. Hay muchas moradas en la casa del Padre. Son almas que perdieron los instrumentos de la investigación y la curiosidad científica, pues, alejadas de la revolucionaria orden de existir, crecer y crear —atributos intrínsecos de las criaturas vivas— inmersas en la soledad mórbida, enmudecen sin perpetuar descubrimientos, innovaciones, esperanza.

Sé como las ramas verdes de la frondosidad exuberante del árbol eterno de Dios y, cuando el pétalo desprendido y caído no te vea ni te reconozca, comprende, prosigue, ora, espera. La vida volverá un día. Ten cuidado de que la prisa o el equívoco del que te crees capaz de librarte no quiebre tu tallo del tronco seguro y benévolo del deber cumplido: ¡la primavera siempre vuelve!

LUZ DE LA GRACIA

«El hombre nunca debe perder de vista que está en un mundo inferior, donde solo es mantenido por sus imperfecciones.»
El Evangelio Según el Espiritismo, Allan Kardec, Cap. V, ítem 7

La gracia de Dios se encuentra en el Dios de la gracia.

Gracia, vocablo que se traduce como dádiva, donativo divino que desciende por las manos de la misericordia, como el rayo de luz que desciende a través de las nubes hasta la mansión azul de esta Tierra... gracia y éxtasis del Creador.

Bendito seas, Hijo Ungido, gracia de todas las gracias ofrecida por el don excelso del principio creador, Nuestro Señor Jesucristo.

Bendito seas Tú, que viniste en un humilde pesebre bajo las estrellas a indicar al espíritu el rumbo correcto para la gracia de la paz y, en ella, el antídoto de las tentaciones.

Bendito seas Tú, ¡oh, hijo de la ventura!, por ser quien eres, el hijo de la gracia abundante, de la luz que nunca se apaga, la luz del amor.

Bendito seas Tú, ¡oh, voz superior que apacigua a los que, todavía subyugados por la pasión y el instinto, se entregan a la lucha por sus deseos y objetivos!

Bendita seas Tú, ¡oh, gracia de toda ventura humana!, pues en tus pasos se encuentra la respuesta esperada por el viajero cansado de tanto peregrinar en busca de la gracia de ser, en busca de la gracia de ver la gracia desmedida que hace que el corazón sepa dónde ir y para qué ir, aquí o allí; simiente de renovación, que enseña los caminos seguros de una vida benéfica al lado de la gracia benefactora, cual hierba que rodea la fuente, y brilla en torno a ella, verde y lisa extensión.

¡Gracia, bendita seas tú, hija de la humildad, que solo podría haber nacido de ese corazón celestial como jamás hubo otro igual, llamado Jesús!

Gracia, te llamamos en ese nombre puro de donde brotan todas las bendiciones y todas las directrices para los corazones afligidos.

¿Opresión? ¿Agonía? ¿Desesperación? ¿Gritos? ¿Murmullos bajo el sol ardiente de la envidia? Nunca más, nunca más, dice el barullo del amor en estos labios divinos que besan y estrechan en sus brazos el alma que ya camina bajo su celo y sus cuidados.

¡Nunca más azotes y blasfemias, pero sí caricias y ternura, que en Él, en la gracia, caminan!

LUZ DE DIOS, COMPASIÓN

«Amaos unos a otros y seréis felices. Sobre todo, tomaos la tarea de amar a los que os inspiran indiferencia, odio y desprecio. Cristo, de quién debéis hacer vuestro modelo, os dio ese ejemplo de abnegación; misionero de amor, amó hasta dar su sangre y su vida.»
El Evangelio Según el Espiritismo, Allan Kardec, Cap. XII, ítem 10

La luz de Dios es el Dios de la luz.

Y Él, Creador de toda vida, un día iluminará lo que hoy es oscuridad. La luz obedece a la ley divina, se esparce, se extiende, se expande.

Sé como esa experiencia de multiplicación y eternidad creadora; serena y apaciblemente, despierta tu luz: es Dios que despierta en ti los sublimes instantes divinos.

La luz esparce sus rayos por todas partes, hacia arriba y hacia abajo, a la izquierda, a la derecha...

Así enseña el Creador, a través de la madre naturaleza, cuál debe ser el curso de la existencia, el rumbo de la vida de cada uno.

Expansión, crecimiento, parto, creación, generación, mañanas, mañanas, mañanas, el continente divino fértil que *muestra el camino*: en el hogar, ante el familiar incomprensible: expande la luz de la comprensión; en el trabajo, ante el compañero desaprensivo, irresponsable; ofrece la luz del silencio y de la oración, ya que la dejadez moral y la falta de compromiso con los deberes divinos es desequilibrio y enfermedad creciendo vorazmente, hasta invadir el cuerpo que los produce; en el ambiente social, ante el transeúnte que pasa y se cruza en tu camino ocupando tu lugar en la fila: derrama la luz de la tolerancia. La falta de respeto es la onda emitida que llegará a su verdadero destinatario: el emisor; en la unión conyugal, ante el esposo o la esposa que te abate con sus angustias pretéritas mediante los celos descontrolados: esparce la luz de la aceptación, pues sabes que en una onda desventurada de placer erótico, acuñaste en el corazón del compañero la serpiente de la duda y el reptil de la inseguridad, cuando usabas el artificio de la traición cometiendo perjurio y falso testimonio; en la experiencia de la soledad: esparce la luz divina en los corazones que no recibieron el permiso de los esponsales, buscando el reequilibrio en la lucha consoladora entre antiguos oponentes... Esparce la luz de la oración, pues sabes que esos corazones son aquellos de otrora que en el mercado fácil del intercambio afectivo vendieron a precio de polvo y vacío el don de la vida en el cuerpo, materia ofrecido por Dios para la evolución del espíritu.

Compasión, extiende así la luz de la compasión en todos los sectores de la vida, sabiendo que esta luz esparcida, la encontrarás concentrada en tus días difíciles, en las horas doloridas, en los momentos desgarradores.

LUZ EN LA CONCIENCIA: LA CANDELA CRISTIANA

«No pongáis la luz debajo del celemín, sino sobre el candelero, para que todos entren y la vean brillar.»
Jesús

En la lucha diaria, *la luz del coraje.*

En el combate contra los vicios: *la luz de la perseverancia.*

En el ataque inesperado sufrido al ser acusado de lo que no debes, inocencia ultrajada: *la luz del olvido.*

En el sufrimiento afectivo, cuando aquel a quien amas te relega al abandono: *la luz de la comprensión* que iluminará tu razón que, a su vez, iluminará tu decisión.

La luz del coraje, la hallarás en la luz de la oración.

La luz de la perseverancia, la percibirás en la luz de la fe.

La luz del olvido, la construirás en la luz del trabajo.

La luz de la comprensión, la conquistarás en la luz de la instrucción evangélica.

La luz de la Luz es la plegaria del coraje en la luz de la fe, ¡la luz del trabajo y de la instrucción liberará el alma todavía presa en la oscuridad! Coloca la candela, llama viva, Luz Divina en tus días, horas y minutos, verás crecer en tu vida la claridad benévola que impedirá que tu alma caiga en la oscuridad del egoísmo, que te lleva a deambular ciega e inválida, sin guía, en el valle de la muerte.

¡Candela eterna, la palabra del Maestro Jesús, enciéndela en lo más inmediato de tu conciencia y prosigue vencedor por el camino de la Paz!

Dios os ilumine, hijitos. Recibís ahora la visita de aquel que, viviendo todavía en este planeta, gozó de la suprema ventura al apasionarse por el amor más puro que ha habitado entre vosotros, disfrutando con gran felicidad de la presencia de Nuestro Señor Jesucristo, que más de una vez le inspiró en sus meditaciones religiosas. Hijitos, que os iluminen siempre, como a Melchor que, teniéndolas enfrente, aprovechó las luces del Señor. Por hoy, están cerrados los trabajos.

Vicente de Paúl, protector de Eurípedes Barsanulfo, en comunicación del 30/09/1906 extraida del libro *Eurípedes, o médium de Jesus*, Ed. Esperança e Caridade, que contiene mensajes de Barsanulfo recibidas entre 1906 y 1909 en Sacramento, MG.

LUZ DEL ALMA HUMILDE

Para Junia, Pedro Leopoldo, MG

«La perfección está enteramente, como ha dicho Cristo,
en la práctica de la caridad absoluta; pero los deberes de
la caridad se extienden a todas las posiciones sociales,
desde la más pequeña hasta la más grande. El hombre que
viviese solo, no tendría con quien ejercer la caridad;»
El Evangelio Según el Espiritismo, Allan Kardec, Cap. XVII, ítem 10

Entre las montañas, en una armoniosa cabaña de luz, vivía cierta alma. Los vientos de la nostalgia llamaban a su puerta, en las alas del pasado volvía un antiguo espíritu familiar, cual brote verde a los pies de un viejo árbol.

¿Quién era?

Era esa nostalgia, que rememoraba los días pasados, cuando, en un espléndido castillo, vivía olvidando las verdades espirituales y eternas.

Prisionera entre anillos y diamantes, oro y plata, creó una montaña de egoísmo que solo los siglos podrían cambiar, en el largo proceso de pruebas y expiaciones.

Habían pasado los siglos: las antiguas montañas de oro eran, hoy montañas de hierba y flores. El antiguo castillo, una adorable y sencilla cabaña. Los visitantes pasan y reciben las piedras preciosas de la caridad, el oro resplandeciente de la verdad, el diamante traslúcido de la fraternidad, la plata brillante de la cordialidad, el rubí sublime del perdón, la perla dulce de la sonrisa amiga; así, esta antigua alma confecciona el bordado del vestido nupcial para el día de su enlace con el esposo original, Jesús.

El alma humilde, servidora de todos, sonríe y borda sin prisa, por las tardes, en las montañas silenciosas, sirviendo alimento y esperanza, el pan de la vida; la novia espera, vigilante, al esposo que ha de llegar entre las nubes claras del horizonte...

Esta es la historia de toda alma devocional que, en el ayer egoísta, se apartó de esa herencia maravillosa que el Padre dejó a todos sus hijos: amar y ser amado.

Las montañas continúan plácidas, sosegadas adornan la Creación e invitan al caminante a parar en sus estancias de verdes prados, flores del campo, manantiales puros que revelan el futuro.

¡Luz de Dios, en el paisaje, el ejemplo del buen cristiano infunde fuerza y coraje en los corazones que se inician en esta vía de amor que Dios ofreció en el cáliz de la caridad, mientras florecen las ramas, los árboles dan fruto y las estrellas brillan en la montaña de luz de la ciudadela del espíritu!

LA LUZ DE LA NATURALEZA

«Por tanto, en vuestras aflicciones, levantad siempre los
ojos al cielo y decid desde el fondo de vuestro corazón:
"¡Padre nuestro, curadme, pero haced que mi alma enferma
se cure antes que las enfermedades del cuerpo";»
El Evangelio Según el Espiritismo, Allan Kardec, Cap. VIII, ítem 20

La luz de la naturaleza es siempre serena.

Ved la luz del sol: se despereza lentamente, siempre igual, a través
de los siglos.

Ved la luz de la luna: plateada faz, resplandece pura, siempre igual,
en las cuatro mutaciones... la menguante claridad anuncia siempre
la época fértil para la poda. Lo que mengua abre el vacío para lo
que va a crecer.

Ved la luz de las estrellas: luciérnagas permanentes en la bóveda
celestial, centellean sin parar, encantando la noche: así, en la noche
del dolor, llegarán las luces del consuelo divino para el alma que
eleve su mirada a las alturas y pueda verlas.

*La luz de las estrellas nos enseña que es necesario elevarse hasta ellas
puesto que, inmóviles, prisioneras de la distancia, no pueden bajar
hasta nuestros ojos embargados por el llanto y la desesperación.*

Ved la luz mortecina de las velas que abandona el contorno de los
objetos más próximos, y lo invisible se torna visible, lo desconoci-
do, conocido. Lentamente, deja al caminante espacios claros para
caminar sin lastimarse.

¡HAYA LUZ!...

«En el principio creó Dios los cielos y la tierra. Y la tierra estaba desordenada y vacía, y las tinieblas estaban sobre la faz del abismo, y el Espíritu de Dios se movía sobre la faz de las aguas. Y dijo Dios: "Sea la luz"; y fue la luz. Y vio Dios que la luz era buena; y separó Dios la luz de las tinieblas.»
Génesis, 1:1-4

Donde antes había tinieblas, Él alzó la luz.

«Hágase la luz», y se hizo.

En las tinieblas de la ignorancia, la luz del esclarecimiento.

En las tinieblas del desánimo, la luz del coraje.

En las tinieblas de la pereza, la luz del discernimiento.

Hecha la luz del entendimiento, del coraje, del esclarecimiento y de la cura, el Peregrino salió por los caminos llevándolas como quien lleva flores con cariño:

—¡Oh, transeúnte de la debilidad, aquí está la luz que todo lo fortalece!

—¡Oh, pasajero del dolor, aquí está la luz que todo cura!

—¡Oh, caminante del odio, he aquí la luz que todo pacifica!

Así atravesó las tardes y las noches de los siglos.

El transeúnte, ¿dónde están los oídos de oír?

El pasajero, con los ojos de ver perdidos.

Y el caminante, que no percibía el alma para sentir.

Entonces el Creador, en su bondad eterna, se hizo luz en la luz que nunca se apaga, incluso donde reinan las tinieblas.

¡En el principio había tinieblas!

Siempre es así, espíritus principiantes, almas nacientes, infancia espiritual... territorio aún primario, limitado. Dios, en su sabiduría, se prepara para decir el verbo vivo: «¡hágase la luz y se hará!».

—¡Oh! ¡Qué límpida claridad refulge en mis manos! —dice el coraje, alegre de poder animar.

—¡Oh! ¡Qué espléndido brillo! —dice el principio de la salud, soñando curar toda enfermedad.

—¡Oh! ¡Qué estrella tan suave y ardiente! —dice la compasión, ansiosa por aplacar el odio que la ahuyenta, ignorante de los maravillosos efectos de la paz.

—¡Oh! ¡Qué inolvidable luz! —dice el alma iluminada por esas luces de las virtudes cristianas cuando consigue mantenerlas vivas o encendidas en los gestos íntimos, mientras discurre, clara y límpida, la existencia.

ODA AL CREADOR DE LA LUZ

«¡Orad y creed! Porque la muerte es la resurrección, y la vida, es la prueba elegida durante la cual vuestras virtudes cultivadas deben crecer y desarrollarse como el cedro.»
El Evangelio Según el Espiritismo, Allan Kardec, Cap. VI, ítem 5

El Creador crea; los ojos de ver, ven; los oídos de oír, oyen y el corazón de sentir, ¡siente!

El Creador crea y, mientras crea, hace nacer en el ánimo desfallecido por la larga y demorada jornada de dolor y ansiedad,¡la luz de la esperanza!

—Te oigo, ¡oh, cuerpo de pura ansiedad!, cual ansiedad de nubes serenas, que pasan serenas en el cielo.

—También te oigo, ¡oh, cuerpo hambriento y sencillo!, me entrego, Pan de Vida, en tus rosáceos labios, cual pétalos de flores ofreciendo el néctar al jardín.

El Creador crea, crea la dulzura del néctar en la flor y la flor crea el jardín, el néctar, la flor, crea toda la creación y esta canta himnos de alabanza y gratitud al Creador; en los labios marchitos de los tristes, los himnos de renovación anunciando alegría.

En los ojos cabizbajos de los equivocados, los himnos de esperanza anunciando oportunidades de reparación.

En los cuerpos escuálidos de los hambrientos, los himnos tardíos de la caridad atrasada que, si no hubiera estado dormida tanto tiempo en el corazón de los hombres, no habría desprovisto a la gran familia humana de salud y equidad social.

En los corazones traicionados y ofendidos, los himnos de los amores fieles, que hacen bailar en el alma el cántico de amor de las almas mitades eternas.[1]

En la triste nostalgia por los seres ausentes, los himnos del reencuentro en la tercera revelación.

Los himnos de amor consuelan, crean o recrean al Creador en el corazón de las criaturas que olvidaron la espléndida ventura presente en los dulces brazos del infinito amor de Dios, ¡el Creador del creador!

1 (n.t.) La expresión «mitades eternas» aparece en *El Libro de los Espíritus* de Allan Kardec, en el apartado «Relaciones de simpatía y antipatía entre los espíritus. Mitades eternas».

Caridad

Caridad, cáliz de la paz

¡Transforma tu corazón en muchos corazones en el cáliz de la bondad, a través de la estrella guía de la caridad... el pan de vida!

Espiritismo: el niño cristiano amamantado por la *Buena Noticia* en la práctica del amor, en el amor práctico hacia nuestros hermanos en la humanidad.

LA CARIDAD VIVA

«Hijos míos, en la máxima: *Fuera de la caridad no hay salvación*, están contenidos los destinos de los hombres en la Tierra y en el cielo; en la Tierra, porque a la sombra de ese estandarte, vivirán en paz; en el cielo, porque los que la hayan practicado encontrarán gracia ante el Señor.»
El Evangelio Según el Espiritismo, Allan Kardec, Cap. XV, ítem 10

Entre los que te quieren bien no la puedes encontrar.

Entre los que te glorifican no podrás practicarla.

Entre los que poseen oro y plata no podrás vivirla.

Entre los que cantan y danzan no podrás tocarla.

Pobre sierva de todos los siervos, vive entre los que te fustigan e infligen dolores, allí es llamada misericordia; entre los que te ofenden y calumnian, es llamada tolerancia; entre los que te escarnecen por la pobreza de las vestiduras, es llamada paciencia; entre los que lloran y se lamentan, es llamada compasión.

Sierva de rara belleza, sin ostentación, collar de estrellas o luces lisas de raro matiz, está entre los caminos anónimos del amor, Caridad, poniendo su nombre en la arena muy cerca del mar de la humildad, para que las ondas de amor no dejen de surcar su nombre dulce y eterno, en el cielo o en la tierra.

Piénsalo y no lo digas. Imagínalo y no actúes. Así, ante el mal, lo mínimo: *no lo hagas.*

No des vida a las tentativas sinuosas de la mala palabra. Esta podría conducirte al precipicio de la discordia, y de él a las redes de la locura y de ellas, a la muerte prematura.

No pienses en el mal, no imagines el mal; pero, si te viene a la mente, no lo declames, cállalo, ¡es caridad!

Si se insinúa en tu imaginación, anúlalo como a un cheque perdido que sacará de tu cuenta las virtudes de la bondad en la práctica de la caridad anónima, la mayor de todas.

Y si después de ese gesto el mal todavía persiste y baila en tu alma, amárralo con las cuerdas de la acción benéfica dirigiéndote a algún lugar carente y entrégate allí al trabajo del amor, verás curada la voluntad insana de practicarlo, al practicar la saludable virtud de las virtudes, la caridad.

¡En la tierra, paz; en el cielo, júbilo! ¡Piensa, imagina, y entrégate a este sueño de amor en nombre de la caridad viva llamada Nuestro Señor Jesucristo!

CARIDAD: LEY DE DIOS

«¡Oh, Dios mío!, ¿será preciso que Cristo vuelva otra vez a
la Tierra para enseñar a los hombres tus leyes que olvidan?
¿Deberá, quizá, echar otra vez del templo a los mercaderes
que manchan tu casa que solo es lugar de oración?»
El Evangelio Según el Espiritismo, Allan Kardec, Cap.VII, ítem 11

Aunque la Tierra girase al revés y el día se volviese noche y el sol,
luna, el bien nunca se convertiría en mal.

En época alguna y en ninguna instancia de la existencia ha tenido lugar semejante oscurecimiento de las cosas en el corazón del
hombre justo. Sin embargo, muchas veces alzó el vuelo la lechuza
y su canto anunció que la vida nocturna transcurría rápida, anunciando nuevas oportunidades en el escenario de la creación.

Así, muchas almas alteran la ley que las conduciría al puerto de la
paz e, ignorando el quantum de sufrimiento que encontrarán, se
desprenden de la leve y libre rotación trazada por Dios en el proceso diurno de la conciencia fraterna.

Abandonan las nubes claras, las mañanas límpidas, manantiales
curativos y medicinales en el lecho puro de la Ley, por oscuras
porciones de las noches seductoras del vuelo materialista, en el
oscuro y venenoso pantano del placer personal.

En lugar de ofrecer el abundante alimento en los días de abundan-
cia de su casa, atesoran polilla y herrumbre para un futuro inmediato de agónica humillación, cuando se desvanezca la prueba de la
fortuna material. En lugar de abrir sus manos y abrazar al huérfano, al repudiado, al abandonado, las cierran para sujetar solo aque-
llas manos que no les llamen al oficio fraterno de la caridad.

En lugar de cerrar los ojos ante los defectos y ultrajes, abren la
memoria lúcida en busca de jueces que ejerzan la justicia intere-

sada, pues el perdón ofendería sus cuentas bancarias, ya que sería sinónimo de pérdida de bienes físicos.

A estas alturas, el patrimonio moral no les parece un bien al que deban dar oportunidades, ni por el cual hayan de esforzarse. En fin, alteran la ley, venden lo que no les pertenece, prestan lo que no poseen, se vanaglorian de títulos que les pueden ser retirados, pues los bienes que les honran son gracias de Dios y Él los puede retirar en cualquier momento.

La casa de Dios, una casa de oraciones, y he aquí que estas almas no conocen esa máxima eterna y bendecida que las arrebataría de las noches insensatas para llevarlas hasta las mañanas perennes de la felicidad.

Giran los astros, giran los tiempos, giran las historias, ¡oh, hombres!, escuchad la ley de los flujos divinos que alternan la plenitud y el vacío, la riqueza y la pobreza. Examinad la región por donde deambuláis y administrad el vacío para que la divinidad lo ocupe siempre.

Guardad y velad la plenitud, para que Dios la considere una bendición concedida a los que absorben de ella un poco de vida y coraje para la aventura de la perfección, a través del encuentro con la ley eterna del amor, ¡bien supremo e inalterable que todo lo rige!

CARIDAD: DESCONOCER EL MAL

«El amor sea sin fingir: detestando el mal y adheridos al bien. El amor fraterno sea afectuoso, estimando en más a los otros.»
Romanos 12:9-10

La grandeza de un hombre no se mide en codos,[1] la grandeza de un hombre no se mide.

Ninguna medida puede representar a la divinidad, bajo pena de comprometer la existencia de la propia grandeza.

Sé grande, simplemente sé, he aquí el sofisma inalterable de la pasión por conocer.

Y, para ser, simplemente ser, desconocer es el camino: desconoce al propietario que domina en ti y te hace egoísta y avaricioso.

Desconócelo con toda la fuerza de tu corazón y de tu mente y verás despegarse de ti el ser que no eres y, en consecuencia, verás detrás de esa deformación egoísta el rostro dulce de lo que eres: tu ser divino, que simplemente está en mitad del todo, donde la divinidad ejerce eternamente su oficio creador.

Ser, es todo.

No ser, es el camino.

¡No ser duro y cruel, presidiendo indagaciones e inflamando injurias, apropiándose de la inocencia y ultrajando utopías!

¡Al entonar este cántico de no ser, experimentarás el balbuceo de lo que nace y soñó ser!

¡Ser manso y dulce!

¡Ser benigno y altruista!

¡Ser valiente y soñador, expedicionario de la luz!

1 (n.t.) Medida lineal, que se tomó de la distancia que media desde el codo a la extremidad de la mano.

Ser el guía que conduce los corazones principiantes al reino de la verdad y la vida, donde se encuentra Aquel que siempre fue, es y será, ¡Jesús!

CARIDAD: AMIGA DE LA VERDAD

«En las grandes calamidades, la caridad se manifiesta y se ven generosos impulsos para reparar los desastres; pero al lado de esos desastres generales, hay millares de desastres particulares que pasan desapercibidos, de personas que yacen sobre un camastro sin quejarse. Estos son aquellos infortunios discretos y ocultos que la verdadera generosidad sabe descubrir sin esperar que vengan a pedir asistencia.»
El Evangelio Según el Espiritismo, Allan Kardec, Cap. XIII, ítem 4

La cruz pende de la pared blanca sobre el rostro del amigo que parte: padecen los hijos que se quedan; se desespera la esposa que aguarda la ayuda de un hermano para resistir; sufren los acreedores, pues no se pagarán las prestaciones; los enemigos se regocijan ante el cuadro triste, que aparece ante los ojos del alma que, junto al cuerpo, ve al amigo que llega para darle el último abrazo.

Él espera que su amor sepa descubrir, no el gran infortunio de la separación tras el fatídico desenlace de aquella mañana, en la que se apagó en un accidente; recién salida del círculo de la vida, el alma desencarnada espera que el amigo pueda descubrir sus angustias íntimas, que comenzaron al percibir que lo sucedido no tenía marcha atrás...

Pasan los días.

El féretro ya es olvidado en el corazón de los más distantes. Misa del séptimo día y solo están los más allegados. El espíritu desencarnado mira y no ve «al amigo» que derramó sobre su ataúd sentidas lágrimas. Esperaba verlo triste, entre los nostálgicos, y recurrir a él e incitarlo a que le ayudara en sus preocupaciones.

Misa de un mes, el amigo también está ausente.

El espíritu desencarnado lo busca en su residencia... y, con tristeza, lo encuentra señalando todos los defectos de cuando estaba vivo, diciendo cosas que jamás hubiera imaginado...

Las consecuencias de la viudez en que se encuentra su amada avanzan con rapidez, y percibe que el amigo no es amigo, y se retira cabizbajo; al atravesar la puerta, humillado y cauteloso, se encuentra con una señora joven y vestida con sencillez que le tiende la mano en confianza, invitándole a seguir los pasos del Maestro en el perdón y el olvido de las ofensas.

Dice bondadosamente que todo se resolverá en poco tiempo, hablándole de un Dios compasivo, guardián de la hierba y de los granos de arena, ¿qué dirá pues del hombre, el precioso astro en su cielo de creación y venturas...?

El ser, antes abatido, se levanta, cree, se maravilla, y exclama ante la desconocida:

—¿Tu nombre?

Y la respuesta es rápida, sin dudas:

—Caridad, me llaman Caridad.

Él sonríe y mira el sol que crece en el horizonte, respira, cierra los ojos y agradece y, cuando se da cuenta ya está en la dulce Colonia de Reparación.

¿Y la desconocida?

¿La desconocida?... ¡un rayo de luz, que se une al sol de la caridad llamado Jesús!...

CARIDAD: BUSCAR EL DOLOR OCULTO

«Purificad vuestras conciencias sometiéndoos a la verdad y amad a los hermanos sin fingimiento, de corazón; amaos intensamente unos a otros»
1 Pedro 1:22

Tristeza: desdicha oculta en el corazón.

Amargura: desdicha oculta en la esperanza.

Rencor: desdicha oculta en los sentimientos traicionados.

Cólera: desdicha oculta en las decisiones tomadas.

Lágrimas: desdicha oculta en los sueños soñados.

Suicidio: desdichas ocultas que fueron sumándose a lo largo de muchos años.

Incendios invisibles en los campos del alma; inundaciones invisibles en los plantíos del alma; volcanes en erupción sobre la ciudadela del espíritu, enterrando la vida bajo la lava incandescente del duelo y del desasosiego; temblores y terremotos en los continentes del alma; inundaciones devastadoras en las riberas del alma: he aquí las desdichas ocultas que, por permanecer ocultas a simple vista, se van sumando y forman el cuadro de los tormentos espirituales que conducen a la enfermedad crónica y sin retorno del vaso físico, ¡reposo del alma!

Ten cuidado con las desdichas ocultas.

Revélatelas a ti mismo.

Recurre a la profilaxis de la oración y de la pura y medicinal válvula de la paz en la olla a presión de tus luchas cotidianas.

Inundaciones de tristeza, terremotos de desesperación, incendios de cólera y odio, he aquí los gérmenes ocultos del mal que, gota a gota, forman el mar de angustia que se derrama por la vida cual veneno sin cura.

Recurre urgentemente a aquél que todo lo salva y ora, transita el camino del amor y espera...

¡Todos los días nace el día!

CARIDAD: SALVACIÓN

«Venid, benditos de nuestro Padre, poseed el reino que os
está preparado desde el principio del mundo; porque tuve
hambre y me disteis de comer; tuve sed y me disteis de
beber; tuve necesidad de hospedarme y me hospedasteis;
estuve desnudo y me cubristeis; estuve enfermo y me
visitasteis; estuve en la cárcel y me vinisteis a ver.»
El Evangelio Según el Espiritismo, Allan Kardec, Cap. XV, ítem 1

La mirada compasiva del Maestro se inclinaba tierna e iluminada
sobre aquel cuerpo tendido al borde del camino.

Un perro aparece en la curva del camino como si surgiese de la
nada.

Viene hasta aquel estrecho margen, en la carretera donde los
coches pasan acelerados, sin tiempo para ver a un perro que, al
borde del camino, lame el rostro del ser allí tendido.

El perro, símbolo de fidelidad, se presenta solo e impotente. Aunque se desvela, no tiene medios para hacer florecer, en sus gestos,
el ideal de amor descrito en el urgente gesto de ayuda que exige
aquel ser.

Así han tratado el cuerpo del amor los hombres, presurosos en sus
travesías. No, no hay tiempo para acariciar el dolor y socorrerlo.

El cuerpo de Dios ha estado en los márgenes del camino, en los
márgenes de la carretera de la vida donde el hombre, en tránsito,
se entrega a la prisa desaprensiva y enfermiza.

Ni siquiera se da cuenta de que, al borde del camino, alguien todavía respira y necesita de su ayuda serena, o de su sosegada dedicación, para perpetuar la vida de quien la está perdiendo.

El perro fiel representa la palabra mensajera de amor. Pero he aquí
que la fidelidad está sola, impotente, sin medios para proporcionar

ayuda urgente al cuerpo que aún respira y que, allí tendido, pide socorro.

Muchas veces somos ese perro, acariciamos a quien sufre pero no le socorremos...

Entre mirar y ver hay una distancia que ha de ser recorrida por la elevación espiritual y por la definitiva comprensión de que ¡amar sin actuar no es amar! El perro, después de acariciar, oler, empujar, se sienta al lado del cuerpo, se estira, se tiende con la cabeza entre las patas delanteras y mira a la nada...

¿Mira a la nada?

El perro, en paz, después de haber dado de sí todo lo que podía, mira al espacio vacío y solitario de la tarde que se apaga, una mirada inolvidable, dulce, mansa, que se extiende compasiva mientras libera sobre el cuerpo desfallecido emisiones regeneradoras del fluido vital. Y del invisible vienen enfermeros socorristas que amparan aquella vida.

Así ha permanecido el Maestro Jesús entre nosotros, humanidad: ¡cuántas veces en la trayectoria humana, un perro ha sido el testigo ocular que no puede narrar su obra de amor anónimo, que enseña lo que es preciso hacer para ser salvado!

CARIDAD: LEY DE AMOR

«Da a quien te pide y al que te solicite dinero prestado no lo esquives. Habéis oído que se dijo: Amarás a tu prójimo y odiarás a tu enemigo. Pues yo os digo: Amad a vuestros enemigos, rezad por los que os persiguen.»
Mateo 5: 42-44

—Estuve desnudo...

—No lo vi.

—Me visitó el hambre...

—¿Por qué no me llamaste?

—Y tengo tanta sed...

—¡Por qué no lo dijiste antes, habría traído más agua para compartir contigo!

Y el interlocutor del necesitado sigue adelante, olvidando que el lamento de aquel alma era su oportunidad de salvarse.

Pasa el tiempo.

Los ciclos divinos alternan lo que está lleno y lo que está vacío...

—Estuve desnudo...

—Lo vi.

—Tuve hambre...

—Oí tu llamada.

—Tuve sed...

—Traje toda el agua que tenía.

—¿Quién eres tú?

—¿Yo? Yo soy tu espejo. Soy tu voz, el retorno de tu siembra, soy tu cosecha.

¡Y se hace el silencio!

En el círculo infinito de ajuste de los seres dentro de la Ley de Progreso, la metodología de los espejos es la más práctica y la más eficaz... ver lo que se hizo, recibiendo en la propia piel lo que se hizo, es el principio correctivo más eficaz en un mundo endurecido por el orgullo y por la indiferencia egoísta de los que no tienen ojos para ver que para ser salvado, es preciso salvar...

¿Quieres salvarte del hambre? Alimenta.

¿Quieres salvarte de la sed? Reparte el agua de la vida.

¿Quieres conocer la inolvidable fragancia del abrigo que cubre la dolorosa desnudez? ¡Abriga, viste al que está desnudo!

¿Quieres recibir visita y aliento mientras cumples tus pruebas en el circuito de los difíciles lazos de la vida cotidiana? Visita al encarcelado llevándole flores en lugar de espinos. Muchas veces este encarcelado está a tu lado, encarcelado en el dolor, tristeza o enfermedad.

Transcurren los siglos. Alma satisfecha, manos generosas se extienden al atardecer en una obra sincera de amor, oídos de oír:

—Tengo hambre...

—¡Aquí está el alimento!...

CARIDAD: FE EN DIOS

«Toda la religión, toda la moral, se encuentran encerradas en estos dos preceptos; si se siguieran en la Tierra, seríais perfectos; ya no habría odios ni disensiones; diré más aún: ya no habría pobreza, porque de lo superfluo de la mesa de cada rico muchos pobres se alimentarían...»
El Evangelio Según el Espiritismo, Allan Kardec, Cap. XIII, ítem 9

—¡Oh, Dios! —dicen los labios del alma humilde en prolongada agonía.

—Dios se olvidó de mí —dicen los labios del alma en rebeldía.

—Dios no existe —proclaman los labios del alma en cómoda indiferencia.

—Dios, ¡Ah! Dios es una fábula de los débiles —declaman los labios de las almas desfallecidas y vencidas.

Así claman las almas y a través de sus rogativas o prédicas, medimos o aquilatamos la fe que cada uno trae en su ser.

El alma humilde trae una fe fervorosa, clama paciencia en tono sereno: «¡Oh, Dios!», traduciendo sabiduría y sumisión a la voluntad Mayor.

El alma rebelde deja ver la ausencia de fe. ¿Cómo podría Dios olvidarse de alguien? Los que olvidan a Dios generalmente le acusan de lo que ellos cometen. Habiendo olvidado a Dios, juzgan que Dios, como ellos, también les ha olvidado.

Las almas vencidas denotan fe vacilante y recalcitrante. Un impulso interesado les impele a Dios, y en cuanto Dios no responde a sus rogativas, deja de existir. Para los interesados de cualquier género, su Dios es el Dios servicial que solo existe si atiende a todas sus peticiones. En cuanto Dios se calla, ya no existe.

Las almas de los materialistas denotan la inexperiencia de la fe. Las estructuras mentales frágiles solo consiguen comprender la realidad palpable, como niños que solo ven lo que tienen enfrente o en el estrecho circuito de su campo de visión.

Dios, sin embargo, para los que le conocen y viven en Él, es amor. Y el amor para los que lo sienten y lo practican es acción de amor. Por tanto, Dios es caridad. Es todo fe para los que aman.

Y he aquí que Él hace luz de ver en quien está ciego, y luz de hablar en quien está mudo.

Dios hace a sus hijos lo que hace para sí... Da vida, movimiento, creación, divinidad, mañanas, resurrecciones, infinitudes, eternidad...

Haz a los otros lo que Dios te hizo a ti y sabrás lo que es la caridad en toda su extensión... y exclamarás: «¡Dios!».

CARIDAD: UN ÁNGEL

«No descuidéis la beneficencia y la solidaridad:
tales son los sacrificios que agradan a Dios.»
Hebreos 13:16

¡Doblan las campanas!

A lo lejos la nostalgia, cual flor del campo, nace ajena al dolor de la ausencia.

Los ojos buscan en la curva del camino, al ser que ya no se dirigirá más a esa curva, dejando atrás la rica vegetación verde y llana.

¿Cómo continuar?

Las campanas repican de nuevo... en un momento de inquietud y dolor, fuertes manos rodean los hombros del alma. El ángel consolador nada dice; al lado, mudo, emana amor con su serena presencia.

El ser se revuelve en su silla. Sale de su angustiosa nostalgia, camina hasta la puerta, la abre y siente la brisa perfumada que sale a su encuentro.

—¡Oh, Dios! —dice en humilde oración y, en ese instante, se siente reconfortado y vuelve al trabajo cotidiano del día a día.

Canturrea, sin saber por qué.

No sabe el motivo, pero se acuerda de una fiesta donde un episodio hilarante le hizo sonreír; de repente, se siente en paz y no sabe que ese sentimiento se llama paz.

Así, los espíritus en caridad fraterna y anónima, salvan a un alma de un momento depresivo y lacrimoso.

Es la caridad moral, la verdadera caridad, cuyo sujeto se pierde en las fibras eternas del sol de todos los soles, el dios de amor que todo provee en la hora exacta y fértil.

Si hubiese sido un minuto antes, simiente perdida, el ser no habría agotado sus memorias tristes.

¡Por tanto, cuando veas a alguien que aún está preso en la tristeza y la melancolía, recuerda que Dios está allí, al lado, presencia eterna, maravillosa, esperando la hora propicia para entrar y hacer vibrar la vida!

CARIDAD: CAMINO PARA LOS TESOROS ESENCIALES

«El hombre no posee en propiedad sino lo que puede llevarse de este mundo.»
El Evangelio Según el Espiritismo, Allan Kardec, Cap. XVI, ítem 9

La blanca luz resplandece en la mañana.

Se abren las ventanas y los rayos de sol entran libres, al ras de la cortina que se abre.

Los muebles dispuestos en el cuarto, la sala, el columpio en el jardín, el aroma de las flores, el aterciopelado y dulce melocotón nacido de las frágiles y rosáceas flores. Todo allí permanece inmóvil, mientras el alma se abre como se abría la cortina, mientras el sol de la vida eterna hace brillar sus rayos en la casa de aquel alma que acaba de abandonar su cuerpo sobre aquella cama.

Tienta las paredes, que se evaporan con el impacto de su toque.

Se encoje ante lo inusitado del viaje eterno.

Yergue la mirada, la cruz en la cabecera, se arrodilla, ora.

El equipo amigo socorrista se vuelve tangible, visible y le ampara. Se siente entre amigos que le invitan a seguir a través de los rayos de este sol eterno.

Pretexta, el alma, hacer la maleta...

Quiere escoger los objetos amados, las ropas queridas, los zapatos y complementos a los que se habituara... no puede mover nada, tocar nada. En este viaje, lo que llevará este alma es solo a sí misma y todo lo que es o en lo que se convirtió durante su existencia.

¿Bondad? La encontrará a lo largo de los beneficios que sembró durante los días vividos en la materia.

¿Inteligencia? Se llevará la que desarrolló en los oficios, ante las dificultades encontradas que le exigieron dedicación y arte constructivo. La inteligencia es la sumatoria de las respuestas más eficaces dadas a las dificultades; generadas por las dificultades de superación, resolución y perfeccionamiento.

¿Elevación? Estará en los sumisos gestos de renuncia que realizó ante las llamadas del egoísmo, de la cólera, de la indiferencia. Renuncia es testimonio de bondad inteligente, pues sabe, aquel que renuncia, que en verdad renunció al mal y, por eso, se elevó al bien.

Así el ser se encuentra ante sí mismo en la blanca mañana que le espera con destellos efusivos y brillantes, componiendo un raro camino de luz y de paz para el alma que triunfó sobre sus pasiones y puede vivir la existencia a partir de la ley de Dios, que convierte al hombre rico en esencia, atesorando virtudes que le granjean —garantizan— paz y consuelo en su retorno a la patria eterna.

CARIDAD: LA VOZ DE DIOS

«Este es mi mandamiento: que os améis
unos a otros como yo os amé.»
Juan 15:12

Cansado, exhausto, el peregrino se sienta al borde del camino y llora.

—¿Estás llorando? —pregunta una voz, y el viajante asiente con la cabeza, sin importarle quién se dirige a él.

Desesperada y taciturna, un alma se inclina sobre las aguas que pasan en cierto río de su ciudad y, atraída por los círculos continuos de agua, que pasan lentamente, no escucha la voz que la llama:

—Ven, hay un río de luz muy cerca de aquí.

Silencio, no hay respuesta porque el alma, envuelta en oscuros pensamientos, se vuelve impenetrable.

—¿Qué piensas así, tan seriamente, que no paras de mirar el agua? —pregunta la voz y el ser tampoco responde, pues, ajeno y preso en un torbellino de difícil rescate, piensa en quitarse la vida. ¡No escucha la voz amiga a su lado, tan cerca!...

Recluida y criminal existencia, con el arma en las manos, sale en busca de su objetivo.

—¿Dónde vas? —indaga una voz al lado. Mas el ser, preso en la angustia de la honra herida, solo escucha su propia voz que le ordena: «venga tu honra, no te dejes ultrajar...».

Así está parte de la humanidad: presa de sus propias voces íntimas, no puede escuchar la voz de Dios a través de su conciencia y detener su trayectoria de dolor, lágrimas y sufrimiento.

Olvidando que se llevará de aquí lo que es, este ser compromete su liberación y su futuro sin prestar atención al imperativo de reflexión que le llevaría al equilibrio, culminando en el perdón y en la excelsa caridad que todo lo salva.

El alma exhausta, meditando sobre lo que le hace llorar, vería que la ley dice «no herir jamás» y que, perdonando, se desligaría de ese lazo hostil y cruel y ya no lloraría más.

El alma en desánimo consideraría que la transitoriedad de los acontecimientos es un hecho y que, perdonando a quien la hirió hasta la muerte, se cumpliría la excelsa ley de amar al enemigo... condición expresa de la caridad o del amor desinteresado.

Y, finalmente, el *alma febril y ultrajada* entendería que el brazo del escándalo supuso la liquidación de una extensa y enorme deuda. El ser herido estaría libre si perdonase el brazo de aquel que hizo justicia con rigor divino, y no levantaría su brazo para perpetuar antiguas desventuras o viejas batallas entre almas hermanas, hijas del mismo Padre de amor, creador tanto de una como de la otra.

Oídos de oír: caridad con uno mismo, es la esencia de ese verbo de luz que nos guía triunfantes por los caminos pedregosos de la evolución, desde el estado de egoísmo y personalismo, al estado de fraternidad y amor... la imagen de Dios refleja felicidad en el alma que alcanzó esta comprensión: *el hombre solo posee lo que puede llevarse de este mundo.*

CARIDAD: COMPRENSIÓN Y PAZ

«Todos los que proclaman la misión de Jesús, dicen: "¡Señor! ¡Señor!". ¿Pero de qué sirve llamarle Maestro o Señor si no le siguen los preceptos? [...] ¿Son, acaso, sus discípulos aquellos que pasan días rogando, y, sin embargo, no son ni mejores, ni más caritativos, ni más indulgentes para con sus semejantes?»
El Evangelio Según el Espiritismo, Allan Kardec, Cap. XVIII, ítem 9

¡La noche se desliza entre las grietas de la aurora y escala sus sombras dando lugar a la suave claridad del sol naciente!

¡La tempestad se despide, inesperadamente, de la caída torrencial, entre las finas líneas de agua que caen como lluvia acogedora; después de la presencia amenazadora de relámpagos y truenos en el espacio, antes manso, azul del cielo!

El cuerpo purpúreo de la quema en las ardientes llamas que destruyeron la vegetación inocente, se va despidiendo poco a poco, como el viajero exhausto que desde mucho tiempo no duerme y desde mucho tiempo camina sin reposo, jadeando, con pasos vacilantes, arrastrándose por aquí y por allá... ¡Así el fuego crepita, apagándose, dando paz al espacio de la vida!

La escarcha se evapora lentamente al contacto de la calidez de la mañana, dejando atrás las hojas magulladas en los campos donde posó su gélida presencia.

La lluvia de la cólera arde en la tempestad del egoísmo, destruyendo los campos primorosos del afecto, sembrando gélidos sentimientos en el corazón de quien fue abatido por tal fenómeno.

¡Llover, lloverá!

Es de ley que las aguas se evaporen, formen nubes y desagüen o retornen.

Pero —y es que aquí gobierna la Ley Divina— lluvia no es sinónimo de destrucción. Llover es de ley. No es de ley inundar.

Las aguas de la vida, pueden evaporarse pacíficamente y retornar, cual armoniosa y fresca aura de serena lluvia que calma la tierra y mantiene la verde vida de los campos.

¡No es de ley la tempestad del orgullo que devasta, con el fuego de la cólera, las ramas verdes de la amistad o de la convivencia en comunidad, ya sea en familia o en sociedad!

¡Aprendamos!

Llueve egoísmo trayendo tempestad donde antes las nubes, impelidas por los vientos de la comprensión, podían pasar y disolverse.

¡La tempestad deja relámpagos de odio que, al descargar, avivan el fuego de la discordia en los campos de la amistad!

Reflexiona.

Pastorea la oveja íntima que, desgarrada, se pierde en la noche que está a punto de deslizarse y dejar ver la aurora luminosa que la conduciría por caminos de blanca paz.

Reflexiona ante la chispa que cae en los campos amigos de tu círculo de convivencia. Apágala con el soplo del silencio, o lanza sobre ella el manto de la calma que la apagará inmediatamente.

¡La noche se desliza!

No es eterna.

Prepárate y no pierdas la hora en que el hermano Sol te invite a la caridad de convivir con la noche como quien duerme, de recibir la lluvia como quien ya está mojado, de atravesar la tempestad como quien no la ve y recibir los relámpagos como destellos que te guían, para que no caigas en el precipicio durante la oscuridad de la travesía.

Y si acaso alguna chispa de desavenencia cae a tus pies, cúbrela rápidamente, evitando recibir la ardua aridez del fuego y la ardiente frialdad de la escarcha en el corazón de los que te rodean y que, con certeza, todavía han de caminar contigo durante muchos y largos años.

CARIDAD: JUSTICIA EN LA CRUZ

«¿No tenemos todos un solo padre?, ¿no nos creó un mismo Dios?, ¿por qué uno traiciona a su hermano profanando la alianza de nuestros antepasados?»
Malaquías, 2:10

Una cruz se extiende en el monte.

A su lado, otras dos.

Así, el buen y el mal ladrón son símbolos que nos invitan a la reflexión y al examen íntimo de nosotros mismos.

Examina tus cruces.

¿Te sientes crucificado? ¿Alterado, en sufrimiento, humillado, ultrajado, traicionado, atormentado?

Examina las tres cruces. ¿Cuál es tu cruz?

Recuerda que estás en una de ellas. ¿La del medio? ¿La de Cristo? ¿Será que podrás decirte a ti mismo que eres un cristo en la cruz?

¿Nunca pecaste? ¿Nunca alteraste la palabra? ¿Nunca adulteraste, ni siquiera en pensamiento?

No hay nadie en la humanidad que pueda responder *no* a estas preguntas. Entonces, nos quedan las otras dos cruces.

Cualquiera de las dos dice quienes somos: ¡ladrones!

O sea, si nos encontramos en sufrimiento, hemos de encontrar la causa. Dios es soberanamente bueno, nadie lo duda. Se desprende una conclusión lógica y exacta: si estoy en la cruz, algo hice. Si no robé, si no soy un ladrón, si mi vida es un espejo de respeto a los bienes ajenos, ¿cuál es mi crimen?

Y desde los cielos de tu alma oirás la voz de la conciencia que te enumerará todas las veces que fuiste el ladrón de la paz ajena, por ejemplo, cuando no callaste una idea o un juicio o una observación menos digna; fuiste ladrón robando la alegría ajena cuando llevaste la perturbación a corazones, antes tranquilos, con tu seducción irresponsable, llevando a este alma a amarte sin que la amases de todo corazón.

Fuiste ladrón al robar la esperanza de una madre afligida, cuando negaste socorro urgente en una situación de emergencia por hambre, donde solo estaba tu persona como recurso de caridad.

Fuiste ladrón al robar la fe de muchos jóvenes cuando adoptaste una actitud irreverente de incredulidad, llevando la duda sobre la existencia de Dios a corazones ya inquietos y frágiles.

Fuiste ladrón cuando robaste la palabra del otro, que no te pertenecía, y la catalogaste como tuya.

Fuiste ladrón de la confianza cuando no saldaste la deuda, perjudicando a aquel que te vendió determinado bien al creer que, dentro de la ley de la existencia, ¡aquel que compra indudablemente pagará!

En fin, fuiste ladrón todas las veces que alteraste la ley de amor en la práctica del bien, dejándolo de practicar para ejercer el gesto indigno del mal ladrón que, además de ladrón, acusa al inocente y por incredulidad, desprecia a Aquel que, todo amor, ofrecía su sangre para salvar a todos... ¡buenos y malos!

Tú qué haces oídos sordos a la verdad eterna, recuerda que, a los pies de las tres cruces, una mirada atraviesa la tarde, ojos de dolor, los de una madre sumamente herida que oye, de los labios del mal ladrón, los improperios contra su Hijo amado. Que María, humildísima María, pueda, a los pies de las estrellas que refulgen en la bóveda celeste, oír tu oración de arrepentimiento tal y como la pronunció el buen ladrón y, con Jesús al lado, justificado por el coraje de practicar la verdad, subir hasta Dios, ¡corazón al compás del amor por todo y siempre!

CARIDAD: LOS BENEFICIOS DE DIOS

«¿Qué debemos pensar de las personas que habiéndoseles pagado sus beneficios con ingratitudes, ya no hacen bien por miedo de encontrar nuevamente ingratos? Estas personas tienen más de egoísmo que caridad; [...] el beneficio desinteresado es el único agradable a Dios.»
El Evangelio Según el Espiritismo, Allan Kardec, Cap. XIII, ítem 19

¡A lo lejos, los campos revelan la exuberancia de la verde plantación! Aquí, en la curva del camino, a los pies de un árbol frondoso y fructífero, se cobija una familia. Son andariegos. Muestran delgadez y dolor, ojos sombríos y hombros curvados. Los hijos, sin embargo, ofrecen una mirada viva, son niños y, para ellos, la vida es una eterna fiesta.

Muchos caminantes pasan por esa curva. Ninguno para. Anochece y amanece, atardece y anochece nuevamente. A lo lejos, en la noche, los gritos se extienden por el camino; valle en eco de dolor. Enloquecido, el caminante había asesinado a su mujer y a sus hijos, desapareciendo en medio del mundo sin dejar rastro.

A lo lejos, la vegetación exuberante, besada por el sol, prosigue plácida. La noticia se difunde rápidamente entre los lugareños...

Pasan los días.

El alma torturada por el remordimiento es acogida por manos amorosas en una antigua cabaña.

Enloquecido, grita:

—Maté, maté, maté... quiero morir toda la muerte...

—Dios te dio la vida, ¡oh alma!, vívela.

—No puedo, quiero la muerte, mátame... —delirio febril de una mente acorralada por las memorias trágicas, allí presentes, en la noche silenciosa.

¿Miedo? No tiene.

¿Dudas? No suscitan temores íntimos en este alma que acoge con caridad y oración al caminante asesino.

Los días siguen pasando.

A lo lejos, el eco del trágico suceso se ha perdido en la exuberancia de la vida que, siempre pródiga, hace renacer lo que muere a cada instante.

—No merezco vivir —reclama el criminal, con su estado febril y alterado ya en decadencia.

—Dios no mide sus beneficios por el número de granos recogidos — responde la voz dulce.

—Pero...

—Dios no cuenta en la espiga el número de granos, tampoco cuenta en el tallo el número de espigas y, mucho menos, cuenta en la plantación el número de floraciones.

La exuberancia de Dios es infinita, su perdón ilimitado, su bondad inconmensurable.

—Pero... —y prosigue la voz ronca y débil del ser, en franca y manifiesta recuperación física y mental— pero pagué con ingratitud y traición la vida que Él hizo germinar en los campos de mi vida.

—Dios no siembra para recoger, ni recoge para sembrar, a veces recoge donde ni sembró. ¡Dios es Ley de Amor; amor y misterio eterno! Cálmate y sigamos viviendo.

—¿Y los que maté?

—Perdónate, oh, alma... un día comprenderás la trágica hora que envolvía tu historia.

La noche cae lentamente sobre aquella cabaña.

A lo lejos, dos pares de ojos abarcan la inmensidad de los valles, planicies y montes cercanos y suben en dirección a las estrellas llevando tres almas adormecidas —una mujer y dos niños—, liberadas de los lazos cautivos de la vida por un golpe violento, días atrás.

Adormecidas en el regazo de un ángel celador, siguen entre sueños el fin de un ciclo de dolor y el inicio de un ciclo de amor que solo la caridad, examinada a la luz de la reencarnación, puede explicar.

Ante la inmensidad de la vida, practiquemos el silencio de aquel que sabe ignorar dónde y cuándo Dios hace valer su ley justa y buena.

CARIDAD: ESTRELLA FUGAZ

«Si uno posee bienes del mundo y ve a su hermano
necesitado y le cierra las entrañas y no se compadece
de él, ¿cómo puede conservar el amor de Dios?»
1 Juan, 3:17

Cae una estrella... luz fugaz que anuncia el intenso recorrido en la bóveda celeste...

Unos ojos jóvenes hacen una petición, ¡un deseo que se lleva la estrella para siempre!

¡Mirad los cielos en la noche! Resplandecen multitud de estrellas... una caerá y llevará una petición y esta se realizará.

¿Promesas, sueños, fantasías?

¿Quimeras, tonterías, juventud atolondrada? No.

Sueños, fantasías y quimeras, sí. Tonterías y aturdimiento juvenil, jamás.

La materia de los sueños y de las utopías es tan indeleble, leve, delicada como el amor o Dios.

Nadie agarra los sueños, toca los sueños, materializa los sueños. Permanecen en la distancia, como estrellas fugaces moviéndose rápidas en el espacio cóncavo del cielo estrellado.

Así debe ser nuestra oración, nuestra vida, nuestro íntimo: una estrella llevando esperanza en el cielo de las almas que nos encuentran o nos observan.

Así debemos pasar por el oblicuo horizonte de la mirada de las personas amigas, o de aquellos que nos observan y se detienen ante nosotros en busca de una palabra o de una caricia. Seamos como una estrella: pasemos rápidamente dejando la certeza de que algo indeleble, invisible, soñador y dulce llegará en breve.

¿El nombre de ese ser?

¡La Caridad vistiendo las vestiduras del amor, lleva a Dios por todas partes, donde resplandece y cae, desapareciendo rápidamente!

La presencia de los sueños en la vida crea espacios de aliento para la jornada evolutiva de nuestra alma.

Soñar no es un derecho, sino un deber.

Todo aquel que comprende el amor empieza a soñar, para que el amor no muera como el sueño en los corazones abatidos por el peso de las pruebas.

Soñar es un deber para aquellos que comprenden que *la caridad es el sueño de Dios* para la humanidad.

Suéñala, porque al soñarla la preservas y al preservarla, la edificarás, realidad y concreción en el corazón angustiado por el arduo peregrinaje terreno.

ÚLTIMAS PALABRAS

«soportaos mutuamente; perdonaos si alguien tiene queja de otro; como el Señor los ha perdonado, así también haced vosotros.»
Colosenses, 3:13

La luz se abate, apagándose a golpe de vendaval.

Oscurece y la densa noche apaga en los ojos el recorrido que se ha de andar. Peligro. No se anda por la oscuridad como quien anda en los días claros. Cautela. Preocupación. Inhibición de las expresiones de afecto amigo.

Sabiéndose sin luz, el hombre cauteloso no se expone, y así, no se hiere a sí mismo ni a quien le esté acompañando.

Caridad: en la oscuridad, detener el curso de los pensamientos y de los juicios. Lo que no se ve con claridad debe ser pospuesto, aunque la angustia del recorrido sea una llamada ardiente a la lógica del descubrimiento.

¿Quieres saber la verdad?

Espera la mañana.

Caridad: borrar los pasos, acariciar el sueño, entregarse al descanso. Dios reina entre la bruma de la noche y la niebla del amanecer, y Él te levantará, comprensión y calma, ¡basta esperar!

No te apresures.

Continúa rezando con ternura el oficio del amor, el deber de auxiliar.

Todo se esclarecerá a su tiempo.

De momento, abre tu *Evangelio*. Léelo, y en caso de que se te salten las lágrimas, recuerda que Él está a tu lado, ¡secándolas con el corazón vivo y lleno de compasión por todos nosotros!

Con amor, Eurípedes...

DIOS

El universo es una obra inteligentísima,
una obra que trasciende
a la más genial inteligencia humana;
y como todo efecto inteligente
tiene una causa inteligente,
es forzoso inferir que la del universo
es superior a toda inteligencia;
y la inteligencia de las inteligencias,
la causa de las causas;
la ley de las leyes,
el principio de los principios,
la razón de las razones;
la conciencia de las conciencias,
¡es Dios!
Nombre mil veces santo
que Newton jamás pronunciara
sin descubrirse.

¡Dios!
Tú que te revelas en la naturaleza,
hija tuya y madre nuestra,
¡te reconozco, Señor!
En la poesía de la Creación,
en el niño que sonríe,
en el anciano que tropieza,
en el mendigo que implora,
en la mano que asiste,
en la madre que vela,
en el padre que instruye,
¡en el apóstol que evangeliza!

¡Dios! ¡Te reconozco, Señor!
En el amor de la esposa,
en el afecto del hijo,
en la estima de la hermana,
en la justicia del justo,
en la misericordia del indulgente,
en la fe del impío,
en la esperanza de los pueblos,
en la caridad de los buenos,
¡en la entereza de los íntegros!

¡Dios! ¡Te reconozco, Señor!
En la inspiración del poeta,
en la elocuencia del orador,
en la inspiración del artista,
en la santidad del moralista,
en la sabiduría del filósofo,
¡en el fuego del genio!

¡Dios! ¡Te reconozco, Señor!
En la flor de los vergeles,
en la hierba de los valles,
en el matiz de los campos,
en la brisa de los prados,
en el perfume de las campiñas,
en el murmullo de las fuentes,
en el susurro de las ramas,
en la música de los bosques,
en la placidez de los lagos,
en la altivez de los montes,
en la amplitud de los océanos,
¡en la majestad del firmamento!

¡Dios! ¡Te reconozco, Señor!
En los hermosos antihelios,
en el arcoíris multicolor,
en las auroras polares,
en la luz bañada en plata,
en el brillo del sol,
en el resplandor de las estrellas,
¡en la luminosidad de las constelaciones!

¡Dios! ¡Te reconozco, Señor!
En la formación de las nebulosas,
en el origen de los mundos,
en la génesis de los soles,
en la cuna de las humanidades,
en la maravilla,
en el esplendor,
¡en lo sublime del infinito!

¡Dios! ¡Te reconozco, Señor!
Con Jesús, cuando ora:
«Padre Nuestro, que estás en los Cielos...»
o con los ángeles cuando cantan:
«Gloria a Dios en las alturas... ¡Aleluya!»

Eurípedes Barsanulfo

_Fe_

Pedro y la red de la fe

Si el oro, que perece, se aquilata al fuego, vuestra fe, que es más preciosa, será aquilatada para recibir alabanza, honor y gloria cuando se revele Jesucristo. No lo habéis visto, y lo amáis; sin verlo, creéis en él y os alegráis con gozo indecible y glorioso, pues vais a recibir, como término de [vuestra] fe, la salvación personal.

1 Pedro 1:7-9

LA RED DE LA FE

«La fe, para ser provechosa, debe ser activa; no se debe entorpecer. Madre de todas las virtudes que conducen a Dios, debe velar con atención el desarrollo de las hijas que nacen de ella.»
El Evangelio Según el Espiritismo, Allan Kardec, Cap. XIX, ítem 11

Doctrina espírita, doctrina de amor, cual luz eterna que nos consuela, atraviesa los evos como pez en el mar...

En la red del hambre, es el bálsamo que alimenta.

En la red del dolor físico, es el medicamento que cura.

En la red del dolor moral, es el perdón que induce al alma a recomenzar.

En la red del dolor afectivo, es la dulce calma que aconseja paz y esperanza en la agonía.

La doctrina espírita, en la red de la fe, es el pez del coraje que yergue la voluntad, antes caída, por los rudos choques de los mares tempestuosos.

Tempestades de desconfianza: el pez de la fe.

Tempestades de cansancio: el pez de la fe.

Tempestades de desilusión: el pez de la fe.

Doctrina espírita: red de amor, la fe como estrella en el cielo que nos guía.

He aquí la belleza hecha palabra.

He aquí la palabra hecha verdad.

¡He aquí la verdad hecha vida en el cuerpo del pez de la fe, llamado Jesús!

La doctrina espírita inició sus pasos en la casa de un pescador: Pedro, el pez de la luz, alimentando el hambre de comprensión.

Pedro, el pez de la paz, saciando el hambre de la mansedumbre en las almas en destierro o en el exilio, a la espera del retorno.

Pedro, el pez vivo que sigue al sol más ardiente en las aguas del amor, al servicio de Nuestro Señor.

Pedro, pez eterno que edifica, con las piedras de la disciplina, el cielo en la Tierra, la bondad en la maldad, el amanecer en la noche más profunda, ¡el respeto en los campos de la servidumbre cruel, sin derechos, sin justicia!

La doctrina espírita se inició hace 2000 años, en la red de un corazón libre que, lanzado a las aguas, demostró la fuerza y la verdad del Maestro, un amor inolvidable que nadie amó jamás y que él enseñó a amar.

LA FE NO SE PRESCRIBE

«Al día siguiente salió con Bernabé hacia Derbe. Después
de anunciar la Buena Noticia en aquella ciudad y de
ganar bastantes discípulos, se volvieron a Listra, Iconio y
Antioquía, donde animaron a los discípulos y los exhortaron
a perseverar en la fe, recordándoles que tenían que atravesar
muchas tribulaciones para entrar en el reino de Dios.»
Hechos de los Apóstoles, 14:21-22

La fe no se prescribe, es cierto.

Ningún recetario receta gotas de fe tres veces al día; o un baño de
pies de fe; baño de fe con siete sales, los cristales, la belleza de la
fe, heredera predilecta.

La fe no se prescribe en los laudos de la justicia, artículo 1º: por la
violación de la fe se aplica al reo una pena de tres a cuatro años en
el presidio de la caridad, condenándolo a la reclusión en la celda de
la fe; saliendo solo al patio de los servicios del amor al prójimo, y
regresando luego acompañado por la escolta de la vigilancia divina
y diligente en el cumplimiento de sus deberes.

La fe no se prescribe como una tabla aritmética que ha de ser
memorizada en los primeros cursos escolares.

Memorizad la tabla de la fe para aplicar el milagro de la multiplicación como prueba definitiva de que nada resta, probando el acierto
de la norma divina de que, quien multiplica dos oraciones por dos
acciones, obtiene cuatro resultados...

¡El primer resultado es la paz que realiza!

¡El segundo, es la fuerza que edifica!

¡El tercero, es la esperanza que corona la multiplicación con el
cuarto, que es el amor!

La fe, en fin, no se prescribe en el recetario médico, en los códigos de la ley penal, en las lecciones educativas.

Sí, es verdad, la fe no se prescribe, pero se escribe, o sea, no se escribe antes, pero está escrita dentro de todos los medicamentos prescritos: sin fe no curan; en todos los códigos morales que, sin fe, no son cumplidos ni obedecidos; en todas las lecciones y enseñanzas que, sin fe, se convierten en el arma fría de una inteligencia sin sabiduría, que hiere, en vez de salvar, que oscurece, en vez de iluminar.

La fe no se prescribe, no se escribe antes porque es la receta, el código, la sabiduría ya escrita por Dios en los corazones de sus criaturas. ¿Escribir lo que ya está escrito?

Por tanto fe, siempre fe, fe apenas será.

¡Busca, oh viajero eterno, los sentidos de esa palabra divina y todo lo demás será para ti bendición y luz, o alegría y realización, fe y fe!

EN LA NOVELA DE LA FE

«La esperanza y la caridad son una consecuencia de la fe; estas tres virtudes son una trinidad inseparable. ¿No es acaso la fe, la que da la esperanza de que se verán cumplidas las promesas del Señor?»
El Evangelio Según el Espiritismo, Allan Kardec, Cap. XIX, ítem 11

Un día tras otro.

Así transcurre la vida, y en esta novela monótona del tiempo salta un hecho inesperado que despierta al lector, que transitaba distraído por las líneas de los días.

Un día tras otro.

Pero, cierto día... y así toda alma tiene, en la trama de su historia, un acontecimiento que le hace llorar, o le hace desistir, o le desencanta.

Un día tras otro, así discurren, en la eternidad de los breves días de la vida, las reencarnaciones. Los largos días, sin embargo, son cortos. Las distancias a los cielos son eternas, sin embargo, estamos próximos y dentro de Dios. Así, todo lector deberá ser lector del libro de la vida. Trasladar las páginas escritas a las páginas vividas.

En las novelas, el héroe encuentra la victoria; el amante a la amante; el niño huérfano al padre; la mujer sola al compañero.

No son cuentos tontos, fantasías pueriles. Son verdades. Todo existe y fluye en busca de armonía y de felicidad.

¡Vivimos buscando ese arca de oro llamada: realización de los sueños que llevan a la paz!

Sin embargo, en el recorrido de la lectura, muchas veces, nos invade el sueño y dormimos, el libro se cierra, y de ahí a la estantería, y nunca más.

En la somnolencia del cansancio, muchas veces, el peregrino o espíritu reencarnante cierra el libro de la vida y lo interrumpe no soñando más, no creyendo más, no apostando más.

¡Oh, hijo de los cielos!, ¡espíritu viviente!, tú que te encuentras en esta fe vacilante, despierta, camina hasta este estante del tiempo, retira tu vida de los estrechos límites de las estanterías y escribe con ardor tu historia de fe y amor.

Fe en la vida: *...y despertó a los gigantes que dormían y avanzó con ellos sobre los mares, alcanzó el continente cautivo y lo liberó de las fieras hediondas que devoraban a sus hijos e hijas...*

He aquí la historia del espíritu fervoroso: con los gigantes de la fuerza extraída de la fe, atravesó los mares tempestuosos del orgullo y alcanzó el continente cautivo de la caridad, donde las fieras del egoísmo devoraban sus obras de amor, y las venció. «Vencí al mundo», ¡dice!

FE: ¿DÓNDE ENCONTRARLA?

«Vigilad, permaneced firmes en la fe, sed valientes y
animosos. Haced todo lo vuestro con amor.»
1 Corintios 16:13-14

—Fe, ten fe.

—La tenía.

—¿Acaso la perdiste?

—Desfalleció en medio de las tormentas del corazón: el hijo que
partió, los amigos que desertaron, el amor que me traicionó. Los
viajeros de las sombras esparcieron el polvo de la desesperación
sobre el cuerpo de la fe y la enterraron.

—¿Dónde?

—¿Qué quieres decir?

—¿No has dicho que la enterraron?

—Sí.

—Entonces ¿dónde la enterraron?

Y se hizo una pausa en las palabras tristes de aquel alma que pasa-
ba por momentos de desventura y dolor. No había reparado en
esa vía, en ese camino. Y empezó a pensar: «sí, ¿dónde la enterraron?». Salió en su búsqueda. Atravesó planicies, montañas, pala-
cios, continentes... y no la encontró. Desgastada, pero aún viva, se
reencontró con el hermano que le hizo la observación correcta, el
razonamiento lógico y claro, y empezó a acusarle...

—¿No encontraste la fe?

—No...

—Entonces, no la enterró el polvo traído por las tempestades.

He aquí lo que puede deducir la lógica simple de un corazón sencillo, pues quien tiene fe no la pierde, tampoco deja que sea perturbada por un grano de arena, una polvareda o por cualquier otra sustancia. Fe es fe, amigo mío, y tenerla es la mayor ventura que podemos soñar.

Vacilante y dubitativa, el alma en búsqueda se calló, sus ojos suplicaban, oró, y en aquel instante vislumbró el cuerpo vivo y brillante de la fe, exclamando:

—Aquí, la encontré.

—¿Dónde?

—¡En mi corazón!

EL PEQUEÑO NOMBRE, GRANO DE ARENA

«Divina inspiración de Dios, despierta la fe todos los nobles instintos que conducen al hombre al bien; es la base de la regeneración. Es necesario que esta base sea fuerte y duradera, porque si la menor duda la hace vacilar, ¿qué será del edificio que construyáis encima?»
El Evangelio Según el Espiritismo, Allan Kardec, Cap. XIX, ítem 11

¡Oh, luz que se apaga!, ¡muere en un espasmo la aurora y mi alma llora!

¡Oh, luz que se apaga!, y el alma prosigue inmersa en las sombras que la confunden: el amor se vuelve pasión; la riqueza se vuelve avaricia; la cultura se vuelve soberbia.

En las sombras que diluyen la visibilidad del alma, se hace presente y vivo lo que hiere, golpea, mata.

Las pasiones encienden luchas y batallas que esculpen dolor, diseñando estratégicas destrucciones. Si no son correspondidas, el alma se vuelve ávida y loca, se pierde el discernimiento y el tacape[1] de la injuria y de la venganza gotean como leche fresca en el seno abundante.

La avaricia es un infortunio separatista. Separa el alma de cualquier fragancia de bondad que podría exhalar la flor de la humanidad. Avariciosa, el alma se aparta de todo y termina su ciclo de experiencia con avidez insaciable puesto que, oro o polvo, todo pasa.

Cultura, entre estas sombras dispersas de la luz que se apaga, es la exuberante fuerza trágica que explica la frialdad y el genocidio, que justifica todo mal —sea este oriundo de las pasiones del corazón o del vil metal—.

---

1 (n.t.) Palabra de origen indígena que designa un arma ofensiva, similar a una pequeña espada, usada por los indios en los sacrificios humanos.

¿Qué luz es esa, tan poderosa, que al apagarse siembra tantas tormentas en el alma viajera o criatura de Dios?

¿Qué luz es esa, que si está apagada, perturba el amor y este ya no calma ni perdona, convirtiéndose en pasión y dolor?

¿Qué luz?

Solo hay un nombre que puede iluminar toda la fuerza de este mal y, por eso, muchos se empeñan en destruirlo.

Ese nombre es pequeño como un grano de arena... se llama fe, esa luz que, si está apagada, incendia el alma de avara y fría pasión.

Fe, luz de toda luz, ilumina el corazón que, dominado por la pasión, se vuelve ciego e injusto; ilumina el alma que, al olvidar al Creador de la riqueza, se cree señora absoluta donde es mera administradora, usuaria temporal de la riqueza creada; ilumina el alma soberbia que se cree sabia porque todavía no sabe qué historias vendrán; los saberes son como nubes que se encaminan a una lluvia abundante que convierte la tierra en fértil y extensa.

Con la fe, la riqueza se vuelve fuente de bendiciones... el amor se vuelve manantial eterno de caricias y ternura... ¡y la cultura se vuelve camino de crecimiento y espiritualización para el alma!

FE: LABRADORAS MANOS

«Fe es la consistencia de lo que se espera, la prueba de lo que no se ve. Por ella recibieron los antepasados la aprobación.»
Hebreos 11: 1-2

¿Acaso puede encontrar el camino el caminante que no busca?

¿Acaso puede alzar el vuelo el ave que no salta del nido?

¿Acaso puede brillar la vela que no fue encendida?

¿Acaso puede convertirse en pan el trigo que no fue sembrado, y si se sembró, que no fue recogido?

¿Acaso puede perdurar el alma de aquel ser que no se estableció, del viajante que no se asentó?

¿Acaso, acaso puede amanecer si no anocheció?

¿O haber tierras fértiles si no llovió?

¿O estar tendida la ropa blanca si no fue lavada por preciosas manos lavanderas?

¿Acaso habría acaso si Dios no lo hiciera posible?

Frente a las limitaciones de la vida y las dificultades diarias, salta el misterio, venturas imprevistas:

En el hijo ausente, el retorno a través de una bendecida visita.

En el amor que acabó, el descubrimiento de que aún vive.

En la angustia por los planes hechos y contrariados, el regalo inesperado de una llamada.

En fin, nada existe sin esa fuerza que lo abarca todo y lo convierte en encanto y dulzura; como una planta de paz o de esperanza que llena la tarde de sonidos, mientras el alma solloza en el cumplimiento de las leyes kármicas.

¿Acaso, acaso sabes qué es esa fuerza? ¿Fuerza que mueve el cielo, que mueve la tierra, que mueve el mañana?

—¡Fe!

Y el caminante sale a buscar, el ave vuela, la vela ilumina, el pan alimenta. El alma se vuelve eterna, después de la noche llegan los días claros, las tierras están húmedas después de las lluvias, ¡labradoras manos!

BUSCANDO LA FE

« ¿Quién de vosotros, si su hijo le pide pan, le da una piedra? ¿O si le pide pescado, le da una culebra? Pues si vosotros, con lo malos que sois, sabéis dar cosas buenas a vuestros hijos, ¡cuánto más dará vuestro Padre del cielo cosas buenas a los que se las pidan!»
Mateo 7:9-11

Muchos caminantes, peregrinos que buscan, muchos, muchos, muchos, buscan atravesando el tiempo, de mar en mar, de ola en ola, hasta llevar sus almas a puerto en el continente anhelado.

De mar en mar de egoísmo, llegan a puerto en el continente de la soledad, ¿pues qué árbol da frutos para sí mismo sino aquel que ya no dará más frutos? Ramas estériles, higueras secas, marchitan el paisaje de desolación y angustia.

De ola en ola de orgullo, llegan a puerto en el árido continente de las luchas —guerra fratricida— sembrando desolación y lágrimas en los habitantes que también allí atracan sus naves; descuidados y seducidos por el oro o por la plata, se pierden al sumergirse, tardíos, en esas aguas de ambición y lujo.

Muchos caminantes buscan lo contrario de lo que encuentran. Y esa lógica, solo podrá ser desvelada por la lógica del amado cordero que revela misterios a través de la llave divina, la ley de Dios, que lo vuelve todo claro y noble, sin tortuosidades ni desórdenes.

Los caminantes buscan lo que no encuentran, porque aún no saben lo que buscan. *No saben que la búsqueda determina el hallazgo.*

Por tanto, examina lo que ha encontrado tu alma y, en caso de que dijeras: es extraño, busqué A y encontré B, tendrás que demostrar mucha astucia para convertirte en un caminante que busca y encuentra, pues de otra forma, nunca más buscarás.

El caminante busca el mar de la vida y lleva su nave a puerto en el continente del trabajo. Busca las olas de la fraternidad y lanza su ancla en las proximidades del continente del compartir y de la caridad. Busca las aguas del amor y llega a puerto en el continente de la paz.

Lo que se busca es lo que se encuentra. He aquí el lema en la lógica del Maestro y de la fe que mueve la búsqueda: *¡busca y hallarás!*

«Y yo os digo: Pedid y se os dará, buscad y encontraréis, llamad y os abrirán, pues quien pide recibe, quien busca encuentra, a quien llama se le abre.»
Lucas 11: 9-10

EL ALFARERO DE LA FE

«Resistidle firmes en la fe, sabiendo que vuestros hermanos
por el mundo sufren las mismas penalidades.»
1 Pedro 5:9

¡Alfarero y vaso en la tarde íntima y tranquila de un par de ojos!

Alfarero y vaso: el gesto monótono del barro, la arcilla cálida, el movimiento que dibuja el delicado buril, exquisito ornamento.

El alfarero de la bondad, un vaso rosáceo claro, lleno de frescura, fue depositado con palabras de esperanza, en aquella ventana donde un par de ojos miraban.

Alfarero de la fe, un vaso encantado, pequeño, con una única flor anunciaba otros caminos para aquel ser que, perdido en la vida, planeaba entre la soledad y la agonía, que sentía cada vez más intensas.

—¡Eh, alfarero! —dice el alfarero a ese ser que le mira.

—¿Yo?

—Sí, alfareros somos todos, la arcilla grisácea de la incredulidad forma el vaso de la locura o de la angustia...

El otro calla, es verdad. A través de la desilusión, había confeccionado minuciosamente el vaso del ateísmo y en él había arrojado las flores fugaces de la materia que se marchitaron y, mientras contemplaba el atardecer, la venida del poniente, el sol entre tonos azules y rosáceos, el alfarero de la vida esculpía, pese a las dificultades, en el vaso de la fe.

Le pregunta:

—¿No te cansas?

El alfarero de la fe le responde:

—¿Acaso se cansa el barro de girar en la rueda y en las manos del alfarero? Sé que la fe es la arcilla que no se cansa jamás, ni cuando está enterrada en las capas más profundas de la tierra. Un día germinará en las manos de algún alfarero... pues el destino de la arcilla es ser instrumento —o vaso, o jarra, o cántaro, o plato— es ser lo que esté destinada a ser; por tanto, el destino de la fe es ser fe.

¡Así nos enseña Dios!...

Aprendamos.

LA BUENA FE

«La fe sincera es arrebatadora y contagiosa; se comunica a los que no la tenían, y aun a los que no querían tenerla; encuentra palabras persuasivas que van al alma, mientras que la fe aparente solo tiene palabras sonoras que dejan frío e indiferencia;»
El Evangelio Según el Espiritismo, Allan Kardec, Cap. XIX, ítem 11

Fe, poderoso antídoto contra los parajes enfermos del alma.

Contra el veneno de la mala fe, solo la buena fe puede ser condición de luz y de esperanza.

Contra el veneno de la mala voluntad, la buena voluntad, y he aquí que la voluntad coronada de bondad solo se encuentra en la fe.

Sin fe la voluntad queda a merced de las tristes fuerzas de la desunión, del desgarramiento, que lo oscurecen todo.

Contra el veneno de la mala palabra, la buena palabra, que solo puede nacer, devota y provechosa, en los alrededores fértiles de la fe.

Sin fe la palabra se convierte en energía manipulada por las ondas de emisiones ásperas y coléricas, envenenando el cuerpo de la paz, a punto de destruirla en el alma que todavía no profundizó en la verdad de la fe para el cumplimiento de la ley de amor.

Contra el veneno de la mala fe, contra el veneno de la mala voluntad, contra el veneno de la mala palabra, el antídoto de la luz, patente en la voluntad activa de realizar el bien sin vacilar.

El antídoto de la fe, pues, es el remedio que cura las enfermizas esferas de la agonía y el desespero, proyectadas por el alma sin fe en la vida, sin fe en Dios, sin fe en la fe, en fin, sin fe en el movimiento de la existencia, que sabiamente conducido por Dios nos llevará al lugar anhelado de paz y dulzura, o sosiego y amor, y felicidad.

¡Felicidad, así la fe se esparce como pequeñitas simientes que vuelan, imperceptibles, en el suelo del coraje, para asentarse, plácidas, en la tierra húmeda de la esperanza en la fe!

FE Y OBEDIENCIA

«De balde os han salvado por la fe, no por mérito vuestro, sino por don de Dios; no por las obras, para que nadie se jacte.»
Efesios 2:8-9

—¿Dónde vas?

—Voy.

De pronto el alma se calla, inexplicablemente...

Muchas veces estamos tan envueltos en el polvo de la discordia y de la prisa, que ni siquiera nos detenemos para responder las preguntas sencillas de los miembros activos y compañeros de nuestra ventura en la reencarnación.

—¿Y si fuera un rey?

El alma sigue sin responder y tampoco oye.

El otro insiste:

—¿Y si fuese un rey, un príncipe o una potestad cualquiera, no cambiarías tu prisa para oír y responder?

El alma, corriendo, continúa con el alboroto de su mañana y dentro de este alboroto, están los más próximos y responsables de su supervivencia: sus padres, hermanos o colegas de trabajo.

—¿Dónde vas? —pregunta la voz amiga, la primera voz que le susurró al oído la primera palabra de amor y de atención: la madre querida.

—¿Dónde vas?

Dentro de tu corazón, un aviso encantado te susurraba que impidieras aquel viaje, aquel proyecto tan impregnado de exuberancia que le arrebataba tiempo a su dueño para responder a la madre que le inquiría.

Pasan los días.

El alma viajera, sin fe en los detalles humildes y en los pequeños gestos de Dios a través de los más próximos a nosotros, encuentra una situación triste y desfavorable en el transcurso de su programado viaje.

Después de algunos días, el alma viene al recinto cerrado donde corren las lágrimas en los ojos maternos, y dice:

—¡Ah! Si hubiese tenido oídos para oír su pregunta, segundos que habrían detenido mis pasos en el tenebroso abismo. ¿Por qué, madre querida, no tuve fe en ti?

Una voz, con dulce tono, se acerca y responde:

—Porque nunca tuviste fe en Dios, solo en ti mismo. La fe, cuando está desprovista de la faz divina, es la voluntad egoísta que lleva a cabo sus impulsos sin tener a su favor la intervención de la providencia divina.

Fe, siempre fe, ¿pero en qué? Si no es en tu Dios, amándole y honrándole a través de sus humildes representantes: tus padres.

Y la madre, balbucea, entre lágrimas:

—¡Oh! Hijo, pregunté dónde ibas, tal vez presintiendo que no pudieses responder porque hacia donde te dirigías no había retorno. ¿Por qué no tuve fuerza para sujetar tus brazos, abrazarte, hacerme oír?

Y la misma voz, dulce y eterna, murmura en la conciencia de aquella humilde madre:

—Porque no tuviste suficiente fe para creer en la acción providencial del Padre Eterno y ejecutar sus órdenes de forma rápida y diligente.

Una estrella brilla en el cielo, es Venus laureando la tarde con un hermoso halo. Desde lo visible y desde lo invisible, dos almas aprenden con dolor que la fe egoísta y la fe vacilante son dos fuerzas de nefasta carga, sembrando desolación y muerte donde la Fe robusta y fraterna sembraría vida y paz.

EL ACEITE DE LA FE

«Predicad con el ejemplo de vuestra fe para dar con ella
a los hombres; predicad con el ejemplo de vuestras obras
para hacerles ver el mérito de la fe; predicad con vuestra
esperanza indestructible para hacerles ver la confianza que
fortifica y lleva a enfrentar todas las vicisitudes de la vida.»
El Evangelio Según el Espiritismo, Allan Kardec, Cap. XIX, ítem 11

La vela se apagaba a la luz de los vientos.

Así se aprendía que no toda luz es portadora de claridad y calma para el corazón, ante las horas inquietas de la vida.

No toda luz ilumina los objetivos delineados por el alma, en su proceso íntimo de renovación.

Así buscaba el alma iluminarse, como la vela encendida en medio de las ventanas.

Lucha vana. Euforia de corta existencia, como el fuego fatuo que se apaga enseguida y la noche se cierra, continua e inalterable.

Con la vela encendida expuesta a la ventana de la soberbia, el alma iba apagándose cada vez más.

A cada elogio, a cada atención debida a los éxitos aparentes de la personalidad, he aquí que ese alma se iba consumiendo, expuesta a esa luz de enaltecimiento a la propia fuerza.

Proseguía, crédula de que las conquistas eran méritos personales. Cada día se comprometía en el charco de las ilusiones y de las apariencias, sin percibir que ese fuego de fama y gloria le consumía la mecha, y la cera derritiéndose acortaba el tiempo... en breve la Providencia Divina pediría cuentas: «toc, toc, toc...», llamaría a su puerta y examinaría las fuerzas que ya no le proporcionaban llama y claridad.

La mecha de la paciencia se quemaba en desobediencias y ofensas, acarreando relaciones deshonestas e interesadas. La cera de la bondad se extinguía rápida y así el ser se vio —antes de que pudiese evitarlo— preso de una experiencia angustiosa. Soledad, abandono, penuria, incomprensión, enemistades.

Ese alma, a la luz de esos vientos de la vanidad, apagó la luz de la modestia en la mecha de la fe, preso en la cera del amor que le proveería los días de buenas y dulces obras, único salvoconducto en las zonas abismales y peligrosas de venganzas y obsesiones.

¡Por eso, ¡oh, alma!, para y detente en el camino a observar cómo anda el óleo o el aceite en la lámpara que ilumina verdaderamente y posibilita el encuentro con el novio eterno, para las nupcias infinitas de paz y felicidad!

Observa el aceite de la fe y corre a suplir esa lamparita de tu alma, guardándote un poco más de los brillos externos, sabiendo que, para que una vela permanezca encendida, es necesario el celoso gesto de cerrar la ventana por donde orgullosas corrientes de aire penetrarían, robándote la luz esencial...

Luz de la Fe que te hace sabio y construye ojos de ver en tus ojos... ¡Toda obra es del Padre y de la fe en Él, que levanta civilizaciones, esperanzas, salvación!

LA FE EN LA RENOVACIÓN

«De Cristo os desligasteis, los que por la ley os justificáis;
de la gracia habéis caído. Pues nosotros por el Espíritu
aguardamos por fe la esperanza de la justicia;»
Gálatas, 5: 4-5

Carrera, estampida, prisa.

Pero la prisa es enemiga de la perfección.

—¿Acaso quiero ser perfecto? —dice la voz irritable de un ser que desistió de crecer.

—¿No quieres mejorar tu vida?

—Sí, pero no a ese precio. La perfección es para los santos y los sabios, yo soy un pecador...

Y así el pecador se desvincula de la extensa vía del arduo progreso, reservada para toda alma que busca la vía de perfección.

Sed perfectos, dice Jesús, como vuestro Padre Celestial es perfecto. Pero el pecador, amigo de la pereza y de las soluciones fáciles, ignora la llamada de la hacendosa alma hermana, recorriendo el camino opuesto al suyo.

Prosigue a la carrera, en estampida, disipación de la juventud, olvidando que en la cuenta del Señor de la Vida, todo momento es tiempo para amar y no para odiar; tiempo para edificar y no para destruir; tiempo para sembrar y no para entregarse a la ociosa ocupación de divagar y no hacer nada; tiempo para perdonar y no para buscar situaciones de desquite y violencia; tiempo, en fin, para evolucionar en la fe en Dios, en su amor y a través de Él, hallar la fuerza para el camino de perfección que es inherente a todo lo que existe. Ley de Progreso, sublime canción de Dios, que a todo y a todos alcanza.

El alma pecadora, sin embargo, descuidada y abandonando todo deber, se enclaustra durante mucho tiempo en una fiebre que le altera la visión, la audición y le paraliza los miembros. Una mañana cualquiera, el enfermo es llevado a toda prisa al hospital; en la carrera a la enfermería recibe de la Ley de Justicia el tratamiento que dispensara a los que convivían con él.

Relapso y desatento, siembra una energía similar en los enfermeros y en los médicos que le atienden, aparte de la nefasta sombra que se desliza al lado, influenciando el ambiente hospitalario...

Al no ser atendido inmediatamente, el derrame cerebral le paraliza la evolución saludable del ritmo de la vida...

Encuentra lo que buscó: una vida ociosa durante mucho tiempo, hasta su desencarnación donde, en sublime instancia espiritual, repasa todo su pasado, con relativa prisa en recuperar y rehacer todo el tiempo perdido en una nueva oportunidad encarnatoria.

¡Prisa, carrera, estampida... un alma presurosa en el cumplimiento de la Ley de Dios, se sumerge en la bellísima experiencia de la búsqueda de la perfección a través de la fe en la renovación!

LA FE EN BUSCA DE UN NIDO

«Tened, pues, fe en todo lo que ella tiene de bueno y
hermoso, en su pureza y en su racionalidad.»
El Evangelio Según el Espiritismo, Allan Kardec, Cap. XIX, ítem 11

La Fe se movía, tenue hilo de luz al atardecer, en busca de un lugar
donde posarse... Buscaba la Fe un cuerpo para habitar, cual pájaro
lejos del hábitat, en busca de un nido. La Fe, cual viejo molino
tocando el agua, giraba lentamente en aquellos corazones inquietos
y afligidos.

Almas exasperadas rugían de cólera, dominadas por una ciega certeza:
jueces implacables ejecutaban la sentencia proferida en sus
pasiones más íntimas. Justicia por las propias manos: se organizaban
en legiones justicieras convocando a las fuerzas rebeldes para
que se reunieran y dieran rienda suelta a los proyectos sanguinarios.

Podríamos justificar plenamente la absolución de ese tribunal de
ejecutores de una ley fuera de la ley...

Pero el Maestro Amado dejó el ejemplo:

—No, envaina tu espada, pues quien mata por la espada por la
espada muere...

Así dejó, el Amado Guía de todo amor, Jesucristo, el camino de
superación de esta Ley del Talión, ojo por ojo... Es preferible morir
y no matar, y quien cumple así el mandato divino «no matarás»
interrumpe el círculo infinito de dolor a través de sucesivas venganzas.

Un justiciero llama a otro. Justicia de justicia, no cesará jamás el
duelo de fuerzas antagónicas: matar a quien mató; y después, matar
a quien mató a aquel que mató y así, sucesivamente, tendríamos un
número ilimitado de matanzas.

Ese universo frío y calculador nace de esta verdad: la humanidad sin fe en Dios, recorre el camino solitario de las leyes ciudadanas y limitadas, que matan con la espada a quien con la espada mata.

Rompamos ese círculo de dimensiones limitadas a través de la fe en la Justicia Divina, que implica comprensión y perdón, pues muchas veces se encuentra a la víctima como agresor y a este, como víctima. En la Justicia Divina, lo que muchas veces creemos justo, resulta impropio para Dios, o incluso lo contrario de lo que juzgamos.

Hijos de la fe vacilante, son los justicieros solitarios que utilizan el recurso del duelo y de la acción criminal para extirpar el crimen, que ahondan sus angustias en largas noches de desasosiego y angustia.

Y tú, ¡oh, hijo venturoso de la fe en Dios!, desenvaina tu espada, o desenvaina esa hoja y transfórmala en el arado de la fe en Dios, y riega con él este suelo hostil de tu alma dolorida, preparándola para recibir las simientes de la vida eterna.

GOTAS DE FE...

«Lo mismo la fe que no va acompañada
de obras, está muerta del todo.
Uno dirá: tú tienes fe, yo tengo obras: muéstrame tu fe
sin obras, y yo te mostraré por las obras mi fe.»
Santiago 2: 17-18

Gotas de luz caen sobre el alma como mensajes estimulantes para una vida de fe y caridad.

Mensajes de paz: estímulo de las almas en lucha, para que pospongan sus resoluciones de violencia.

Mensajes de esperanza: estímulo de los seres desamparados y sufridores por reveses inesperados, auxiliándolos para que se detengan ante imprudencias peligrosas de muerte o enfermedad prolongada.

Mensajes de ánimo: para las almas prisioneras de situaciones aflictivas de duración prolongada como prisiones, deficiencias físicas, pérdida de seres queridos.

Mensajes, mensajes, en fin, de fe: luz eterna y sublime que anima toda vida y a todo aquel que pasa por la vida, rumbo al progreso íntimo a través de las vidas sucesivas.

Gotas de luz, la Fe, lluvia encantada de paz, de esperanza, ánimo y fe sobre las almas que oran pidiendo a Dios el fin de sus dolores, la calma de sus tempestades, la iluminación de sus noches... ¡luz, la fe es luz!

FE: ORACIÓN VIVA

«No admitáis la fe sin control, hija ciega de la ceguera.
Amad a Dios, pero sabed porque lo amáis; creed en sus
promesas, pero sabed porque creéis en ellas; seguid
nuestros consejos, pero enteraos del fin que os mostramos
y de los medios que os traemos para alcanzarlo.»
El Evangelio Según el Espiritismo, Allan Kardec, Cap. XIX, ítem 11

—¿Acaso se disuelven las angustias con la luz de la oración?

—No solo las angustias, sino las fibras vivas de la angustia, que como gérmenes visibles de enfermiza lactancia formando nódulos reales de enfermedades materiales, ¡se disuelven con la luz de la oración!

Para creer en esta onda de luz, capaz de curar y disolver dolores o heridas del alma, es necesario desarrollar la práctica de la oración.

Orar no es pronunciar palabras preparadas, al igual que tocar música no se reduce a enumerar notas sin armonía o melodía.

Es preciso algo más que conocer las notas, algo más que dominar las claves y los ritmos: es preciso ser tocado por el misterio de la creación para que la música salga de tus manos.

La fe es la luz de toda luz que ilumina los callejones oscuros del alma angustiada y perdida.

La fe es la oración viva, es un gesto que va más allá del simple mecanismo de mover los labios y pronunciar frases.

La fe ora, diríamos.

La fe coloca en el alma los bálsamos emanados del corazón de quien ama. Por esto, pocos oran, o pocos oran con fe.

Muchos oran, pero ¡qué pocos imprimen en su oración el potencial de creencia o de fe en el cuerpo que hará posible la cura!

He aquí el misterio de la fe. No se trata del sujeto que la delimita, sino del sujeto que la proporciona: ¡Dios! Fe es fe en un objeto... Fe en Dios es creer que Él es todo poder, todo bondad...

Disolver angustias, heridas, dolores, depresiones, locuras, está en razón directa o en absoluta proporción a cuánto se cree realmente en esta esfera sublime y bendita llamada ¡Dios!

La oración, cuando es sinónimo de fe, disuelve la muerte, alma amiga y afligida.

¡Cree!

Verás como la luz clara de la aurora disuelve el halo húmedo y frío de la noche larga y solitaria de tu dolor.

¡Fe! Dios en acción: ¡fe!

¿ESCOGES LA FE?

«Y el Señor lo sacó afuera y le dijo: "Mira al cielo; cuenta las estrellas si puedes". Y añadió: "Así será tu descendencia". Abrán creyó al Señor y se le apuntó en su haber.»
Génesis 15:5-6

Luchas íntimas. Tormentos. Incredulidad.

Vacío y dolor, la geografía de la desesperación ofrece un viaje de muerte y desgarramiento para el viajero que se entrega a este territorio de infinita tristeza. No te olvides, ¡oh! alma querida, de que tienes alguien que te ama.

Recuerda: Dios te hizo criatura.

Recuerda: Dios es tu Padre.

Recuerda: Dios te ama.

Recuerda: ¡Dios te guía y te observa todos los días!

En esta geografía de paisajes divinos, el alma viajera descubre continentes de paz y bondad, montañas de generosidad, ríos de amor, lagos de serenidad, árboles o extensos bosques de dádiva... ¡la vida!

¡Estar en la geografía del dolor o en la geografía del amor es una elección!

Comprende esta sublime sentencia y esfuérzate en conocer el camino por el que andas... a tu lado te espera un guía para darte la mano. Se llama: ¡Fe!

FE: OÍDOS DE OÍR

«Creed y esperad sin desfallecer nunca:
los milagros son obra de la fe.»
El Evangelio Según el Espiritismo, Allan Kardec, Cap. XIX, ítem 11

¡Fe! ¿Música imposible? ¿Danza, ritmo inaccesible?

¿Qué bailarín no danzaría esa música después de haberla oído?

¿Pero cómo oírla? Música inaccesible, dicen los ciegos y los sordos a toda realidad intangible y sutil.

¡He aquí la verdad!

Fe, música imposible para los oídos tardos a las notas musicales divinas; el Sol de la caridad, por ejemplo: ¿cómo podrá oír esta clave de amor, aquel que esté inmerso en el río de los propios intereses?

El Fa de la mansedumbre y de la dulzura, por ejemplo: ¿cómo podrá oír esta composición en las escalas musicales de la fraternidad, aquel que esté envuelto por las energías condensadas del egoísmo y, por tanto, solo tenga oídos para oír hablar de sí mismo? A la menor falta de interés por su persona, ante la mínima contrariedad, hiere severamente a cuantos se interponen en su camino.

El La del perdón: ¿cómo podrá oír ese toque de ternura, aquel que cree que tiene razón y no ve más allá de sus narices, para poder vislumbrar que la ley tarda pero no falla y lo que está sufriendo es simplemente aquello que hizo sufrir... ¡perdonar es perdonarse! Sin embargo, los oídos insensibles no pueden estremecerse ante esa música de la paz que la fe armoniza en un conjunto claro y dulce para cuantos ya viven en la actitud sumisa de la comprensión y la tolerancia, requisitos indispensables para que el perdón se sustente y permanezca en el corazón de quien perdona.

Fe, música posible para todo ser que busca el camino, la verdad y la vida.

Fe, música imposible para aquel que paralizó sus funciones espirituales mediante una vida regada por el sonido de los metales, oro, intereses y vanidades, glorias y riquezas... ¡Música inaccesible, danza inaccesible, la fe pasa como un ángel que ni se ve ni se toca, y prosigue!

FE: LUZ DE TODA LUZ

«Y todo lo que pidáis con fe lo recibiréis.»
Mateo 21:22

—Había luces en el cielo.

—¿Estrellas que resplandecían?

—No, estrellas no: ¡luces!

—¿Cuáles? ¿Tal vez un cometa, la claridad de la luna?

—No, cometas no, tampoco la luna plateada y llena de encanto. Hablo de luces.

—¿Lo puedes describir?

—Claro, puedo... Eran azules, sí, casi azules, más hacia el añil o añil rosáceo, o incluso violeta, llegando hasta el rojizo...

—Eran luces...

—Sí, lo has entendido, ya lo has entendido...

—¿Qué he entendido?

—Has entendido que luz son luces.

—Sí, luces son luces, ¿pero por qué las describes con tanto ardor? ¿Y por qué maravillaron tu corazón?

—Eran las luces de Dios.

—¿Cómo lo sabes?

—Vibraban como las ondas, se movían como el agua y escribían en el espacio: ¡fe! ¡Oh! Mira, allí están... las luces... en el cielo.

La otra alma miró y no vio nada.

Las estrellas resplandecían.

La luna se alzaba monótona, como desde hace milenios, entre las nubes ligeras que pasaban.

Así es el cuerpo de la Fe: luces.

Se necesitan ojos de ver... Más allá de las nubes y de las estrellas, la grafía del espíritu, invisible a los ojos sensibles, escribe en mitad de la noche con hermosas letras de esperanza y fuerza.

Cuando todo se oscurece o se pierde, cuando ya no brilla más la luz del día y cae la intensa noche, ahí está la fe, luz de toda luz, para guiarnos.

Jesús

Jesús, un mundo que libera

Quien ama no abandona lo que ama sin antes pacificarlo y fortalecerlo con el pan de la vida eterna: ¡Jesús!

Al lado, anónimo, fortalece con palabras de ánimo a los discípulos entristecidos; reparte con ellos el alimento material y se desvanece como luz que se apaga...

LOS RAMOS DE LA ALEGRÍA

«[...] mira a tu rey que está llegando: justo, victorioso, humilde, cabalgando un burro, una cría de burra.»
Zacarías 9:9

Ramos, ramos de aleluya, verdes homenajes al Rey.

En un asno, animal sagrado, templo de paz y obediencia, peregrina durante algunos instantes el Cordero Elegido. El profeta atraviesa la hora clara y el día de Ramos anunciando el reino de amor, el reino de Dios.

Delante de una casa a lo largo de la travesía, una madre llora olvidando la vida que pasa, inmersa en angustiosos recuerdos, llora por el hijo que, hecho prisionero, ¡se perdió en los callejones de la rebeldía y la insensatez!

¡Dos mil años! El domingo de Ramos se celebra en muchas localidades. El Maestro entra en esta ciudad simbólica de nuestros corazones. Festejamos con los ramos del árbol vivo de la verde alegría. Ramos que luego se marchitan, pues todos nosotros, de alguna forma, somos prisioneros de alguien que nos hace sufrir y a quien hicimos sufrir —hoy o ayer— y todos, en cierto modo, escondemos una casa de tristeza, anhelos no realizados, esperanzas destruidas.

El Maestro, sin embargo, ¡llegó! Verdes ramos, pasa entre nosotros como el ángel que nos llama a la verdad y para que, a través de Él, salgamos de la oscuridad de nuestras decepciones y esperemos que, en el día claro, ¡el sol abundante de la ternura y compasión de su espíritu nos bendiga!

Examínate: en la Jerusalén de tu alma, en la ciudad de tus sentimientos, ¿el pequeño y dócil asno lleva al Maestro con verdes ramos de esperanza? ¿O estás con las almas adormecidas que, ensimismadas, no verán la entrada triunfal del Rey, anunciando el reino de la felicidad?

¿HA LLEGADO JESÚS?

«Mirad a mi siervo, a mi elegido, a quien prefiero.»
Mateo 12:18

—¡Ha llegado Jesús!

—No le hagas caso...

—¡Pero está hambriento!

—Es evidente que no le conoces: el trabajador solo pasa hambre cuando no trabaja. Es hambre merecida. Déjalo.

—Hoy hace frío; voy a ofrecerle un abrigo...

—¡Qué estupidez!, ya le ofrecí varios y no los conservó... Plantó y recoge lo que plantó, ¿no es la ley?

—Voy a colocar un manto en el suelo para que Jesús pueda acostarse y descansar...

—Jamás, aquí no, en mi hogar no entran vagabundos. Para dormir ha de pagar la estancia, al menos con trabajo.

—¡Tenga piedad!

—Ya lo dije, con trabajo, afuera hay basura para ordenar, llévalo allí y así pagará su deuda por el alojamiento.

El siervo de aquella casa mira a Jesús, se disculpa y, con un farol, atraviesa la oscuridad llevándole al patio y allí Jesús reúne la basura, trabajando algunas horas a cambio de pernoctar en aquel hogar.

¡Pasan los días! El señor, propietario de aquella estancia, enfermo, con el rosario en las manos, pronuncia el nombre sagrado:

—Jesús, Jesús...

¡Se hace el silencio!

—¡Jesús, Jesús...!

Se hace el silencio. Indignado, exclama:

—Lo sabía, no escuchas nada...

Entonces el siervo:

—¿Está llamando a Jesús?

—Sí.

—Pero él se fue, hace tres días, después de pasar la noche...

—Estás loco hombre de Dios, ¡Jesús nunca estuvo aquí!

—Estuvo.

—¿Cuándo?

—Pues, algunos días atrás, ¿no se acuerda? Le pedí que le alimentara, que le vistiera, el señor se negó diciendo que era un... ¡no lo repito porque amo demasiado a Jesús como para repetir ese nombre!

—Pero aquel Jesús es el Jesús de esa mujer de mala vida, retrasado, sin educación y con poca afición al trabajo honrado...

—No, no, el Jesús que vino aquí era ese del que hablan, él dijo: «Soy Jesús, el Hijo, llama a tu señor y dile que ha llegado Jesús para ayudarlo con cierta enfermedad que vendrá a su encuentro».

El pobre hombre se desespera...

—¿Por qué no me llamaste?

—Le llamé...

Y así termina esta pequeña historia que ilustra la prisa por juzgar y los equívocos infelices que pueden impedir que haya luz y vida en nuestros caminos.

Orad y vigilad: alguien puede llamar... ¡soy Jesús!

Examínate: ¿Ya ves a Jesús en tus hermanos?
¿Ya percibes las señales de Dios en todas las criaturas? ¿Ya sientes latir en tu corazón esa solidaridad universal desinteresada?

EL PERFUME DE LA GRATITUD

«Jesús contestó: "Déjala que lo guarde para el día de mi sepultura".»
Juan 12:7

La mujer le lavó los pies. Con esencias, perfumes y óleos, acarició los pies del Divino Amigo. En el paisaje de Betania, donde Lázaro resucitado le recibía con gratitud, el Maestro vivía sus últimas horas junto a nosotros. El discípulo atormentado interpreta, enjuicia, sentencia: «¿Por qué no vendió este bálsamo por trescientas monedas y no se las dio a los pobres?».

No solo de pan vive el hombre, ya había enseñado ese fuego de amor, pero el aprendizaje comprende una lógica que va más allá de oír o de memorizar: es ser, convertirse en lo que se oye o lo que se ve. La mujer había aprendido que no solo de pan vive el hombre y se arrodilló allí, a los pies del Maestro Amado, y recibió la bendición de ungir los pies del profeta y secarlos con sus cabellos. Gesto de amor. Gesto de gratitud. Gestos, en fin, de quien ama.

Dos mil años, y al examinar nuestra vida ¿acaso estamos arrodillándonos ante quienes nos ayudan, como agradecimiento?

La lógica de la gratitud enaltecida por Jesús, cuando estuvo aquí, ¿ha sido cántico en nuestras vidas?

Examinemos nuestro interior: ¿nos arrodillamos y ungimos con bálsamos los pies de nuestros padres? ¡Ellos nos dieron la vida! Como el Maestro devolvió la vida moral y espiritual a María, nuestros padres, a través de la reencarnación, nos devuelven la posibilidad del reequilibrio moral y espiritual.

¿Nos hemos arrodillado y hemos agradecido a los amigos que han soportado nuestros desequilibrios y enfermedades, como el Maestro soportó los desequilibrios de María? En el caso del espírita ¿nos hemos arrodillado y hemos agradecido a los tutores y orientadores de nuestra mediumnidad?

La mujer agradecía allí, en aquel baño de luz y de amor, la expulsión de los demonios que corrompían sus sueños y le robaban las fuerzas. En Betania, en el hogar de Lázaro y Marta, donde María de Magdala lavó los pies del Maestro Jesús, tenemos la lección de amor enseñada por Jesús: vamos a practicarla urgentemente, y nos volveremos más perfectos y mansos, más próximos a Dios, al rescate de nuestras deudas ante el Eterno y a la Ley de Amor.

Examínate: doblegarse o ceder respecto a una opinión, a una idea, en lugar de contabilizar palabras y gestos... ¿Alguna vez inundó así la gratitud tu ser?

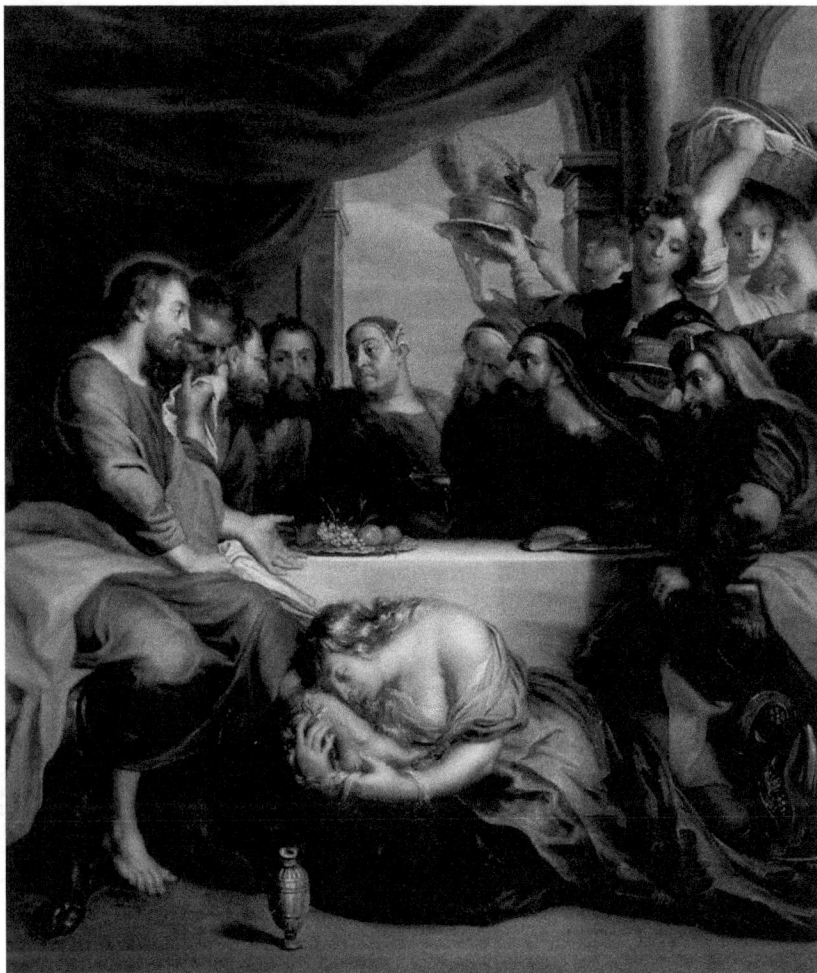

«Por eso te digo que se le han perdonado numerosos pecados, ya que siente tanto afecto. Que al que se le perdona poco, poco afecto siente. Y a ella le dijo: "Tus pecados te son perdonados." Él dijo a la mujer: "Tu fe te ha salvado. Vete en paz".»
Lucas 7:47-48,50

¿DÓNDE ESTÁ EL AMOR?

«Cuando salió, dijo Jesús: "Ahora ha sido glorificado
este Hombre y Dios ha sido glorificado por él".»
Juan 13:31

Gran paz, gran luz... es el nombre sagrado de Jesús que nos conduce vivamente a través de los obstáculos y las piedras que nos
atormentan.

—¿Dónde habita la paz?

—En el cuerpo de la paz.

—¿Dónde habita el amor?

—En el cuerpo del amor.

—¿Dónde habita, en fin, Dios?

—¡En el cuerpo de toda creación que sale de las manos de Dios!

No te desesperes, tampoco amortigües tus sueños o disipes tus
planes. Persevera, camina, pues tú eres una criatura de Dios y Él
está en ti, ¡como la paz en el cuerpo de la paz, como el amor en el
cuerpo del amor!

¡Aleluya, Jesús!

Examínate: angustia y desesperación, señales de que
no circula el amor... Así, en cada instante de sombra, evoca
este recuerdo y busca socorro en la imagen de Jesús.
Imagina a Jesús; gotas de luz envolviéndote...

JESÚS: UN NOMBRE

«[...]Os aseguro que uno de vosotros me entregará. Aquél a quien le dé un trozo de pan remojado. [...] Lo que debes hacer hazlo pronto.»
Juan 13:21,26-27

Jesús, nombre sagrado más allá de la línea del horizonte, nave que deflagra el viaje de luz en el alma que busca.

Jesús, nombre eterno, bálsamo en los pétalos partidos de las almas traicionadas y crucificadas en el itinerario egoísta y frío del tiempo sin Dios, sin hosanna a los ángeles, sin grandeza de espíritu o permanencia sólida en la luz.

Jesús, nombre que balbucean los labios llorosos en momentos de desgarro y agonía.

Jesús, nombre que murmuran los labios esperanzados en momentos de intensa unión en la oración del afligido y desesperanzado.

Jesús, alma contrita, impregna el pan y lo da a aquel que lo iba a entregar al dolor y a la muerte: «Ve, luego haz lo que tengas que hacer». ¿Cómo comprender este nombre que ama al enemigo, que se sienta y le llama amigo?

Jesús, nombre del amor divino inscrito en la Ley Divina que esparce sobre el futuro de la humanidad el amor sabio, que ofrece, en el cáliz del tiempo, las oportunidades de reconstrucción a través de la Ley de Retorno o de Reencarnación. No podemos ver el reino si no nacemos de nuevo. No podemos ver el nombre sagrado, eterno, si no nacemos de nuevo para el reino de Dios y su Ley de Amor que manda amar a todo y a todos. Alma obediente, el Maestro se arrodilla, y se entrega al amor que le pide testimonio ¡a través de la cruz!

Jesús, nombre del amor a través del dolor, marca el retorno cósmico de las almas que van a reencarnar, ¡para el retorno al lugar eterno de los mundos mayores y felices!

Jesús, pronunciamos Tu nombre, hoy y siempre, agradecidos por todo ese extraordinario aprendizaje de amar incondicionalmente a todo, por ver la faz del misterio allí, resplandeciente y viva.

Jesús no solo vio a Dios en todo y en todos, Jesús sentía la presencia de todas las presencias, el Creador. Su unidad con la criatura procedía de su unidad con el Creador: ¡solo así se puede comprender tal amor y tal coraje al amar!

Examínate: reflexiona sobre tu forma de amar...
Las exigencias son monedas de cambio en el acto de amar.
Permanece en silencio y siente la grandiosa extensión de este amor amado por Jesús. Y, recuerda, harás ese camino, lo recorrerás, ¡es inevitable! No retrases esta decisión.

EL BUEN PASTOR

«Se escuchó una voz del cielo que decía: "Este
es mi Hijo querido, mi predilecto".»
Mateo 3:17

—¿Buscas a Jesús?

—Sí.

—Está en el rebaño de ovejas...

—Llegué hace poco de los pastos...

—¿Y no le encontraste allí?

—Los pastores vecinos dicen que Él ha salido en busca de una oveja perdida, así que, lo perdí por poco.

—No te desanimes, regresa al redil, Él volverá antes del anochecer...

El alma ansiosa no escucha la palabra creadora y se pone a andar a la deriva alejándose de las luces que rodeaban el camino, entrando en un atajo peligroso.

Entonces llega la noche. Tropieza con un espino y una mano suave lo agarra, mientras una voz dulce e inolvidable le susurra:

—El pastor sale en busca de la oveja perdida y no regresa hasta que la encuentra...

El alma aturdida irrumpe en llanto, dada la emoción del encuentro: Jesús había salido a buscarla, y mientras buscaba a Jesús, Jesús la buscaba; y mientras se perdía en desunión con Jesús, Jesús la encontraba en la acción perseverante y fervorosa del amor de Dios, ¡que delega en el pastor la unión con su oveja!

—¡Soy el Buen Pastor!

Examínate: ¿eres el alma ansiosa, aturdida, que busca al pastor sin darse cuenta de que Él la está buscando?

LAS ALMAS ANDAN

«Se dijeron uno al otro: "¿No se abrasaba nuestro corazón mientras nos hablaba por el camino y nos explicaba la Escritura?"»
Lucas 24:32

¿Dónde andan las almas de los mortales?

Réplicas inteligentes de los más variados matices filosóficos explican lo inexplicable, dejando en la historia vacíos repletos de indiferencias y egoísmos. Las almas se extinguen, afirman ciertas corrientes de pensamiento, se extinguen con los cuerpos que les dan vida, como se extingue la simiente en el cuerpo del fruto que se pudre.

Consecuencias serias y graves: inmediatez, urgencia, utilitarismo, intereses, toda una cultura en torno al egoísmo se ve respaldada en esta teoría finita de la vida. Las almas no se extinguen, dicen algunas corrientes de pensamiento, las almas son eternas y tendrán destinos estipulados por la lógica de la revelación y por una ley de efectos, estática: el mal conocerá el mal, el bien, el bien. Ángeles y demonios separan la larga travesía del progreso y de las oportunidades que la vida eterna revela a través de los espíritus comunicantes en esta doctrina de evolucionismo teológico.

Las almas son espíritus en un viaje eterno y la historia, la geografía, tanto social como física, son estaciones de crecimiento para el encuentro definitivo con Dios. En el camino de algunas aldeas o ciudades, las almas pasan por experiencias, experiencias que proporcionan aprendizaje y renovación.

Las almas progresan, dice la doctrina espírita, y retornando a la experiencia de los dos discípulos del Maestro en el camino de la aldea de Emaús, esclarece que el espíritu no siempre es tangible. Y cuando es tangible, no siempre es reconocido. La transformación del Maestro en el camino de Emaús demuestra que las almas no se extinguen completamente, sino que se extinguen los caracteres transitorios y efímeros, tales como los rígidos contornos de las materias que imprimen las diversidades faciales.

El Maestro, también alma infinita, no podía ser comparado con la experiencia de los discípulos que no le reconocieron. Las almas de los muertos andan en el camino de la evolución progresiva, moral y espiritual. Andan en lo invisible, en estado de crecimiento, andan en lo visible, en estado de perfeccionamiento. En este camino, el pan de la palabra se elabora con esperanza y fraternidad.

¡Las almas de los muertos andan!

Examínate: ¿tienes en cuenta la eternidad en las acciones que tu alma siembra en el día a día? ¿Consigues recordar que eres un espíritu... y que la vida continúa? Esta memoria de luz auxilia el combate contra el egoísmo interesado...

EN EL CAMINO DE EMAÚS

«Yo soy la vid verdadera y mi Padre es el viñador. Los sarmientos que en mí no dan fruto los arranca; los que dan fruto los poda, para que den aún más fruto.»
Juan 15:1-2

—¿Vamos andando?

—¿Hacia dónde?

—El Maestro fue crucificado.

—¿Cómo es posible, Él, el Rey, el Salvador, el Heredero?

En el camino a Emaús, las almas permanecen en triste agonía. Caminan tristes y nostálgicas, con la esperanza hecha pedazos... ¿Hacia dónde?

Quien ama no abandona lo que ama, sin antes pacificarlo y fortalecerlo con el pan de la vida eterna. Al lado, anónimo, fortalece con palabras de ánimo a los discípulos entristecidos, reparte con ellos el alimento material y se desvanece como luz que se apaga.

El adiós de quien ama es rápido y fugaz como párpados que se cierran o se abren, un abrir y cerrar de ojos indoloro, que descansa y reconforta.

—Dos mil años, ¿vamos andando?

—¿Hacia dónde?

—Vivir a Jesús para ejemplificar la ley de Dios y dar testimonio de nuestro amor por Él. Así, las simientes fértiles, dan sus frutos. ¡Oh, alma! Vamos andando para ofrecerlos.

Examínate: hay un camino espiritual, una Emaús en la ciudadela del alma donde hacemos la travesía. El Maestro nos sigue de cerca, aunque no lo reconozcamos... guardemos esa verdad, ¡oración viva de confianza en el camino de la fe!

¡JESÚS, ALEGRÍA DE LOS HOMBRES!

«Será grande, llevará el título de Hijo del Altísimo [...]»
Lucas 1:32

Quirón[1], en la antigua Grecia, en el claroscuro de la caverna, guiaba la cura del alma.

Comprendió el dolor tan amplia y profundamente que consagró su vida a mitigar las crisis agudas del sufrimiento humano, físico o psíquico.

Médico de las almas, mitad animal y mitad hombre, representaba así los reinos del instinto y de la madre naturaleza, reunidos en el reino humano en una progresión sublime de compasión y devoción, aunque manteniendo los límites entre las instancias de cielo y tierra.

Roma, la civilización históricamente posterior, expande su imperio y el Oriente es palco de espectaculares episodios humanos circunscritos a batallas y conquistas, mostrando el imperio de unos pocos sobre muchos.

Surge un nuevo quirón.

Nace un salvador. Un cuerpo de compasión infinita y sabiduría eterna: el niño dulce, el carpintero que se hizo profeta, mitad hombre, mitad ángel; mitad materia, y la otra, puro espíritu.

Con el bálsamo de la esperanza en la vida eterna y en un Dios único, curó el egoísmo desmedido de las almas, cuyas vidas culminaban con distracciones íntimas: locura y demonización; o externas: guerras y esclavitud.

¡El quirón divino, ya no es mitad hombre y mitad animal, sino mitad hombre y mitad Dios; atravesó el desierto, venció las ten-

---

1   Quirón: figura de la mitología griega mitad hombre y mitad caballo, que curaba a las personas con hierbas y oraciones.

taciones, convenció a los puros y a los sencillos, y partió lleno de amor y dulzura, llevándonos a todos en ese corazón lleno de bondadosa esencia y deliciosa fragancia!

¡Jesús, alegría de los hombres!

Examínate: atravesar el desierto, vencer las tentaciones... el desierto moral y las tentaciones del poder personal, este es el itinerario de la reforma íntima que hemos de recordar para que guíe nuestros pasos en el viaje...

¿AMAS A JESÚS?

«Mientras iban de camino, uno le dijo: "Te seguiré adonde vayas.".»
Lucas 9:57

—¿Amas a Jesús?"

—Sí.

—No lo veo...

—Porque no miras...

—Tu vida sigue la misma rutina, sin aventuras.

—Eso es lo que tú ves. No soy lo que tú ves. ¿Acaso crees que solo existe lo que ves?

—¿?

—¿No contestas?

—No puedo, no veo el amor que dices amar y que dices que está ahí, a pesar de que mis ojos no lo vean, ¿qué más hay que añadir a esta lógica exacta?

De esta forma, un hombre piensa engañar al mundo al decir que amaba un amor que nadie veía.

Sí, ni todo lo que existe es visible. Ni todo lo que vemos resume la totalidad de la existencia. ¡Pero no ver *el amor práctico* de aquel que dice amar es atestiguar que ese amor no existe!

Pasan los días.

El alma inquieta por la respuesta llama a la puerta de la otra que decía amar... y pregunta nuevamente.

—¿Amas a Jesús?

—Amo...

—¿Dónde?

Y por la ventanilla de la puerta ve el mobiliario de aquel hogar, debajo de una mesa ve una pequeña lámpara encendida y en ese instante, recuerda la máxima: no se enciende una lámpara para ponerla debajo del celemín, o de la mesa.

En ese instante, el alma comprende que el amor amado por aquel alma es el amor de la propia iluminación, interior...

Se calla, se disculpa, pues comprende que sacar la luz de dentro a fuera, de las capas de la información a las capas de la acción, de las zonas de intenciones a las zonas de actuación benéfica sobre hogares y enfermos, es una cuestión individual.

Y esa cuestión individual, solo el libre albedrío —según el progreso alcanzado en las regiones tempestuosas del remordimiento o de la comprensión tardía— la puede solucionar de forma satisfactoria.

Se calla, se dice a sí mismo: «Amo a Jesús» y se retira dejando en paz a aquel hermano aún deficitario en la evolución práctica del amor.

Sí, este alma amaba a Jesús pues practicaba el amor esforzándose, con cortesía y afabilidad, en los servicios curativos y medicamentosos de un equipo espiritual socorrista.

He aquí el amor de Jesús: ¡una vida de amor!

He aquí el amor de Jesús a cuantos quieran responder afirmativamente a la pregunta:

—¿Amas a Jesús?

Examínate: ¿amor práctico o iluminación interior? ¿Todavía la luz oculta en el pensamiento y en las aspiraciones de tu alma? ¿O la luz colocada en el centro de tu vida, gestos iluminados que ejemplifican el encuentro con la propia luz?

JESÚS, SUS PROFESIONES

«Cada uno de nosotros recibió la gracia a
la medida del don del Mesías.»
Efesios 4:7

¿Jesús, un sastre de almas que reúne retales o tejidos sin forma, dándoles corte, talle, remate y finalidad?

¿Jesús, un cocinero de la vida reuniendo sabores y calentándolos bajo la llama de la concordia y de la mansedumbre, para servirlos después en la mesa de la amistad, a los hambrientos de lealtad y fervorosas alianzas infinitas?

¿Jesús, un farmacéutico de virtudes creando mixturas de afecto y tolerancia, o de perdón y olvido para la grave enfermedad del odio y del duelo hombre a hombre?

¿Jesús, un maestro que escribe enseñanzas divinas en las páginas de la historia para tornarla alegre, esperanzadora y tierna?

¿Jesús, un músico componiendo canciones que invitan a la humanidad a continuar su danza al ritmo del progreso moral y espiritual?

Jesús, un sastre de almas que cocina alimentos que las nutren, auxiliando la farmacia espiritual al llevar a todos la cura moral, convirtiendo así a los hombres en maestros del amor en la música de la existencia...

¡Jesús, alegría de los hombres!

Examínate: ¿el sastre divino que corta el molde moral; el cocinero que reblandece las fibras de tu alma; el farmacéutico que prepara el elixir de la paz; el maestro que te enseña las lecciones; el músico que alegra tu andadura mientras tu alma es recortada, curada y alfabetizada?

EL SIERVO FIEL

«Pues donde está vuestro tesoro, allí
también estará vuestro corazón.»
Lucas 12:34

En el discípulo arrepentido, el Maestro encuentra el camino para caminar. Sin embargo, en el servidor infiel, el Maestro encuentra lo opuesto, y se aparta de él; se hace el silencio, cae la tarde y la noche va desplegando los suaves matices de la luna plateada, vagando solitaria en el altiplano divino.

El servidor fiel trae en su corazón una música que toca el corazón del Maestro y Él viene, desde las alturas, oyente atento y eterno. Viene, y se aloja allí en silencio, alentando y consolando.

No hay virtud más bella que esta: fidelidad.

Fiel es el brillo de la luna a la luna.

Fiel es también la fragancia de la rosa a la rosa; alguien pasa, percibe su esencia y dice: «es una rosa», aunque esta ya no esté.

Fiel, como no podría dejar de serlo, fiel es el perrito amigo que acompaña a su dueño hasta la muerte y muere a su lado, lenta nostalgia, hasta consumarse algo parecido a la ausencia, ¡morir también!... ¡El perro amigo muere con quien muere y vive con quien vive!

Fiel, fiel es el amor al propio amar. Por donde pasa esta brisa, todos se sienten consolados y protegidos. Nadie oyó jamás que el amor fuera infiel en el amor. Si lo fue, no existía amor, sino una imagen del amor, anhelo de amor, voluntad de amar, ¡pero no amor!

Así, el discípulo o el siervo fiel es el brillo que no desaparece e ilumina a los insatisfechos y a los amargados; es también la fragancia del Maestro ante aquellos que todavía no le han encontrado.

Convertíos en el corazón fiel, el amigo a todas horas, capaz de vivir y morir por aquel que se le acerca y le necesita, en fin, sed este siervo fiel de la fidelidad, el impulso de amor que se consagra en la hora tardía del alma, el futuro o la esperanza en el futuro: ¡Jesús!

Examínate: la fidelidad, signo de la amistad más bella... He aquí una de las condiciones para atraer la mirada del Maestro Jesús y para tenerlo como ángel en la guía de la mediumnidad.

¿ESTÁ JESÚS?

«Continuamente nosotros, los que vivimos, estamos expuestos a la muerte por causa de Jesús, de modo que también la vida de Jesús se manifieste [...]»
2 Corintios 4:11

—¿Está el Maestro Jesús?

—Sí.

—¿Puedes llamarlo para mí?

—Podría.

—¿Cómo que podrías? ¿Está o no está?

—Está, pero hace 2000 años...

—¿Qué ocurrió?

—¿No lo sabes?

—Lo sé, claro, todos lo saben, es la historia cristiana, el paso del Maestro, sus curas, milagros y crucifixión.

—Pues, por eso mismo, llamarlo ahora para ti es señal de que Él aún no habita dentro de ti, ni en tu alma, pues desde la fatídica fecha se sabe que el Maestro estará, hasta el final de los tiempos, con todos los que están con él.

—Lo sé, es que le perdí, no le encuentro.

—¿Cómo es eso? Explícate mejor.

—Perdí la paciencia que prescribe el Maestro en las situaciones de aflicción; perdí la tolerancia en las situaciones acusatorias, como enseñaba el Maestro.

—En fin, ¡perdiste al Maestro!

—Eso mismo, comprendiste bien. Entonces, ¿vas a llamarle para mí?

Y el guardián de Jesús sonríe ante la búsqueda de este insensato perdedor, que cree que alguien puede hacerle o hacer por él lo que es de su exclusiva y única competencia.

El Maestro Jesús es paz, es tolerancia, es fe: lugares que resplandecen, infinitos, a lo largo del camino de los que caminan con Él. Aquel que todavía no le encontró, llamará a la puerta ajena mandándole llamar y será en vano porque, ciego e iluso, no percibe a Jesús próximo, allí, muy adentro, manteniendo sus pasos y su acción en la práctica de las virtudes como camino de salvación.

El Maestro Jesús está porque siempre estuvo y estará: «¡Estaré con vosotros hasta el final de los tiempos!».

Examínate: observa que mientras estás en el camino Él está a tu lado... Cierra los ojos, imagínatelo: ¡es verdad, Él está!

DONDE MORA JESÚS

«Quien os dé a beber un vaso de agua en atención a que
sois del Mesías os aseguro que no perderá su paga.»
Marcos 9:41

—Jesús habita los espacios.

—¿Qué espacios?

—Los espacios del corazón de todo aquel que desocupa su casa de
los excesos emocionales y deja vacíos para que Jesús pueda pene-
trar y permanecer.

—Entonces, ¿quién no tiene a Jesús en el corazón, en verdad, no
tiene corazón para Jesús?

—Sí, ¡oh alma querida y amiga!, quien no tiene espacios en el alma,
¡no hay forma de que Jesús pueda atravesar e inundar ese lugar!

Los espacios de luz y fraternidad son los espacios de Jesús, los lugares donde habita Jesús, y he aquí que Él necesita lugares para depo-
sitar esas savias dulces y delicadas, y hacerlas prosperar, derra-
mándose en el cáliz de la buena voluntad las acciones benéficas y
beneficiosas de amor. Jesús busca espacios para vivir. Espacios de
luz para traer la luz y permanecer allí, tierno amigo, iluminando
los días, las horas, ¡la vida por siempre y para siempre!

Examínate: ¿hay espacios en tu vida donde Jesús
pueda residir en compasión y trabajo de humildad?

EL BRILLO DE LA LUZ DE JESÚS

«Antes bien, creced en la gracia y el conocimiento de
nuestro Señor y Salvador Jesucristo. A él sea gloria
ahora y hasta el día de la eternidad. Amén.»
2 Pedro 3:18

Algo brilla a lo lejos.

En medio de la noche opaca, un pequeño brillo se enciende y se
apaga, a lo lejos, anunciando la llegada de una presencia.

El brillo se aproxima, cada vez más, para quien mira desde la ventana y al acecho de la quietud nocturna, sin el destello mágico de
las estrellas.

El brillo se vuelve más intenso en la distancia y el alma, que planea
sobre el parapeto de la vida, descansando de los lamentos de una
vida ardua, se asombra y estira el cuello para ver mejor.

Sí, el lejano brillo se aproxima. Y el alma se estremece, le acarician
suaves escalofríos, como una brisa liviana y templada. La noche
era oscura, densa, pero tranquila y en ella nada hay que temer,
piensa el alma extasiada con el brillo que tiene enfrente.

—¡Llegué!

—¿Quién es?

—¿No te acuerdas de mí?

—No, nunca vi una luz que planee en el aire y emita sonido, dirigirse a mí.

—¡Ah! Te olvidaste. Hoy ya no dispongo de medios materiales,
perdí la vida hace algunos años. En una noche como esta, desesperado y solitario, sin aceptar que mi novia me había abandonado,
huí hacia otra tierra. En ella ocupé mis días, los años de mi vida,
para no pensar y no recordar. Trabajé con ahínco, desde la salida
del sol hasta el ocaso. Había una parroquia próxima y allí me dedi-

qué a los huérfanos, a los leprosos, a las mujeres de mala vida y a todos los desvalidos en busca de auxilio.

—¿Y la novia, nunca más la viste?

—No, nunca más. Tuve noticias de que se había casado con un rico hacendado y que no fue feliz. Le abandonó y fue internada, enloquecida, en un hospital. Después, recogida por la familia, ya en edad avanzada, en una noche como esta se ahorcó en una ventana y dejó escrito: me quito la vida porque ya no tiene el brillo de quien ama y es amado.

En ese instante, el alma en la ventana, recuerda su habitación, la fatídica noche, el terror que sintió ante el inmenso y estremecedor vacío que le devoraba la voluntad de vivir, y entra en pánico, murmurando:

—¿Es la luz de mi vida?

—Soy la luz de aquellos que quieren ver la luz de la vida o la luz de Dios. Soy el hijo que ha venido al mundo.

—¿Eres Jesús? Interrumpe el alma, aturdida...

—No, soy un mensajero de Jesús, para todo aquel que ama pura y fielmente, encuentre en Él su luz con más intensidad. ¡Lo que brilla en este brillo que ves es el amor de Jesús!

Las dos almas se abrazan, entrelazadas, se perdonan, se reencuentran: esto es Jesús, ¡amor eterno que hace que todo brille eternamente!

Examínate: historia de amor que todos podemos escribir con las tintas encantadas de la fe y de la esperanza. Meditad en vuestras tristezas y entrad en oración; ¡la luz de Jesús puede surgir en cualquier momento alejándoos de este episodio de dolor!

DICE JESÚS... ¿ESCUCHAS?

«Me mostró un río de agua viva, brillante como cristal [...] Mira
que llego pronto. Dichoso el que guarde las palabras [...]»
Apocalipsis 22:1,7

Lo que pidáis a Dios os será dado, basta creer, creer que os será
dado. ¡Lo que pidáis a Dios, si creéis, os será concedido!

Un alma en llanto llama a la puerta del maestro; llorosa y con infinita quejumbre se explaya relatando desventuras y amarguras.

El oyente, un alma en busca de paz, fervoroso caminante, pregunta
al que murmura:

—¿Qué hiciste para sufrir tanto?

—¡Nada!

—¿Nada? ¿No hiciste nada para sufrir como sufres?

El alma queda en silencio, hombros marchitos, caídos, ojos empa-
ñados, corren las lágrimas.

—Bueno, si no hiciste nada para solo recibir de la vida tristezas
y sinsabores, entonces solo queda elevarte a los cielos y rogarles
compasión.

—¿Y no hice ya esa petición incesantemente?

—¿Ya?

—Sí, hace días, semanas y meses que estoy rogando a Dios que
cesen mis desventuras, pero Él permanece sordo ante mis ruegos...

Mientras hablan, una tercera alma se aproxima afirmando con tristeza:

—¡Oh! ¡Qué el buen Dios te asista!, recé para encontrarte. Traigo
urgentemente una disculpa de vuestro deudor...

Y es bruscamente interrumpida:

—No quiero escuchar, cállate, di a ese deudor que me encontraste sorda de los dos oídos y que, por eso, no pude oír ni atender sus ruegos.

Y se hace el sordo...

—Recogemos lo que sembramos ¿sabías? —dice el alma que escucha los lamentos de este sordo, oyente de sí mismo y de sus propios intereses.

Continúa el alma, consejera:

—Eres sordo a las súplicas ajenas, Dios se hace el sordo ante tus súplicas, ¿no lo percibes? ¿No percibes la semejanza?

Cuando termina de hablar, mientras una leve brisa le besa el rostro y las vestiduras, escucha resonar a lo lejos las imprecaciones, lamentos, llanto, del ser que fue sordo a la voz de Dios que ordena «amar al prójimo como a sí mismo», y que dice que el juicio que apliquemos al prójimo será el juicio con que seremos sentenciados por Dios.

Si tu alma sufre y llora, recuerda la Ley de Amor que puede alterar el dolor y secar las lágrimas: ama, lleva en el cáliz del servicio las bendiciones del amor. Cree, cree y verás toda la vida alterada y resuelta, al igual que se altera el curso del río cuando llueve y se resuelve la sequedad de sus orillas al expandirse las aguas hermosas y cristalinas que riegan y fertilizan.

Cualquier cosa que pidáis a Dios, creed que Él os la dará —dice Jesús — ¡creed y obtendréis!

Examínate: ¿eres sordo para la voz que te pide comprensión, auxilio? Si estás sufriendo la amargura de verte bajo las penas de la ingratitud, del abandono... es porque la sordera se instaló en tus oídos de oír.

JESÚS: FLORES, DÁDIVAS

«Tened los mismos sentimientos del Mesías Jesús, el cual, a pesar de su condición divina, no hizo alarde de ser igual a Dios; sino que se vació de sí y tomó la condición de esclavo, haciéndose semejante a los hombres. Y mostrándose en figura humana se humilló, se hizo obediente hasta la muerte, una muerte en cruz.»
Filipenses 2:5-8

Las flores se mecen con el viento. Las dádivas fluyen como el agua en los días claros de la existencia.

Ojos para ver: ¡luz!

Oídos para atender la llamada: oír la voz de Dios.

Manos para coger las flores, el agua límpida de la fe que ilumina la mirada y agudiza el oído.

¡Eso es Jesús!

Las flores al viento se mecen, obedientes; organizadas con sencillez en los campos, ofrecen su tributo de belleza: ¡Jesús!

Las dádivas se extienden con facilidad, sin interrupción, como el agua que discurre entre escarpados y tortuosos paisajes: ¡Jesús!

Manos que, presentes en la tarde de los hombres, los conducen a la renovación; como el sol conduce a la noche, al ir partiendo en el ocaso, suavemente: ¡Jesús!

Más allá de la rápida imantación de la mente enfermiza, curvada bajo el peso de la distancia divina, baila ese paisaje: ¡flores, dádivas, ojos y oídos, manos, el cuerpo de Jesús como néctar y leche que da vida a la vida, belleza a la belleza, amor al amor!

Examínate: definición de Jesús... más allá de la enfermedad: ¡ojos para ver y oídos para atender la llamada!

CELESTE...

«Te aseguro que, si uno no nace de agua y Espíritu,
no puede entrar en el reino de Dios.»
Juan 3:5

Celeste bajó por la calle oscura, corría asustada, mirando hacia atrás, sus ojos aterrados dejaban ver el pánico por la persecución que sufría.

—¡Celeste, Celeste!

Llamaba una voz ronca y lejana:

—¡Celeste!

Y Celeste no se detenía. Cuanto más se aproximaba la voz, ella más sentía el corazón en rápida melodía, casi mortal, de miedo y horror. Hacía pocos días que había perdido a sus padres en un accidente, y aquella voz sonaba igual... ¿los muertos viven?

—Celeste, Celeste...

Y Celeste bajaba por la calle oscura, aturdida y confusa ante el hecho de la eternidad o de la realidad *post mortem*. Si ella hubiese podido detener sus pasos, oír la llamada, hubiese visto dos luces sublimes, en un estado de paz indescriptible, sonriendo y consolándola.

A cierta altura, los seres queridos, viendo que causaban a la joven tantas angustias, se alejaron, tristes pero comprensivos, esperando la oportunidad del progreso espiritual de la misma, para visitar de nuevo a la hija amada y querida. Los muertos son los vivos en otro espacio de vida. Más allá de los sentidos materiales se abren los misterios ya revelados por los espíritus. Escucha la palabra, búscala con atención, es el consolador prometido por Jesús, el que vendría a cumplir su palabra.

—¡Celeste!

La joven oyó la última llamada ya casi a punto de entrar en casa y casi desmayándose, debido a la carrera y al miedo. Abrió la puerta a empujones, se arrastró hasta el sofá, se sentó, llorando exhausta... sus lágrimas conmovieron a la pareja amiga que venía a consolarla con las flores inolvidables del amor, más allá de la vida.

Celeste lloró, cogió la foto de sus queridos padres y la abrazó en un gesto fortuito de amor y nostalgia. En la sala se podía ver a Celeste y dos ángeles de paz que la abrazaban y secaban sus lágrimas. La madre iba a susurrarle al oído algún apodo cariñoso, ¡pero el padre le advirtió con cuidado! ¡Se callaron! ¡En lo alto resplandece la luz de Jesús, enseñando el camino, la verdad y la vida... más allá de la muerte!

Examínate: más allá de la vida están nuestros queridos muertos. Muchas veces podemos estar como Celeste, ¡sin ver el cariño de familiares amorosos que velan por nosotros con sublime amor!

CLARICE: EL ÁNGEL DE LA JUSTICIA

«No os espantéis. Buscáis a Jesús Nazareno, el crucificado. [...]»
Marcos 16:6

Clarice vagaba, libre y lentamente, descendía la ladera de piedra —tiempo de esclavitud— de una pequeña calle, en aquella colina donde se amontonaban los que aún sobrevivían al régimen esclavista que acababa de extinguirse.

El pensamiento de Clarice vagaba, también libre, como llamas de un fuego tempestuoso avanzando libre y terrible sobre la selva *del perdón y de la misericordia*, quemándola, convirtiendo en ceniza la vegetación exuberante de la vida que rodea estas dos virtudes excelsas enseñadas por Jesús hace 2000 años.

El corazón de Clarice, que vagaba alegre y libre como la infancia, sin responsabilidades, proyectando esperanzas vanas con el blanco y rico señor que la comprara un día, fue rechazado y sus esperanzas mutiladas. Clarice preparó esta fatídica fecha de adiós. La rebeldía aceleró los latidos de su dulce y servil corazón. Las piernas de Clarice no andaban, volaban, queriendo detener la historia que, inevitablemente, se desarrollaba ante ella, con las horas que corrían despreocupadas, como nubes a lo lejos ¡en los cielos!

—Clarice, Clarice... —un niño, ojos vivos de exuberancia y sabiduría, que venían a socorrer a esta angustiada alma de pensamiento perturbado, corazón herido y que elegiría el peor camino de todos los caminos para sanar su dolor: la muerte...

—Nadie me detendrá, nadie...

—¿Qué vas a hacer, Clarice? —pregunta la inocente criaturita...

—Hacer lo que es justo, lo que haría cualquier mujer con la honra ultrajada...

El niño la interrumpe con un grito:

—Mira allá en la colina, Clarice, mira... un hombre que parece un ángel.

Y Clarice sintió un fuerte golpe en su corazón, como si algo la tocase tan fuerte que casi se desmayó y detuvo sus pasos en dirección a un dolor mayor que aquel que sufría, pues la Ley Divina enseña que si plantas, cosecharás... Transcurrió un espacio de silencio, donde Clarice paró y miró a lo alto de la colina y vio una luz que se movía como el bulto de un ser...

—Jesús, Clarice, es Jesús —gritó el niño con expresiva y alegre iniciativa...

Los dos se pararon en aquella calle de piedra, en la tarde serena que iba disipando su claridad, dando paso a la noche azul que deambulaba, perfumada y lánguida, ¡penetrando en los recintos de las casas y en los corazones de los hombres!

Clarice, en extraña conmoción, miró aquella luz que venía a socorrerla y retiró de su pecho aquel dolor que la atravesaba como el corte de una lámina... vio en medio de aquella luminosidad, a aquel señor blanco llevado como por un ángel, yendo hacia el cielo...¡la justicia fue hecha por las manos de Dios, y su alma se apaciguó!

Bienaventurados los afligidos. Jesús llamó hacia sí a los pequeñitos. Clarice había tenido una visión del futuro.

Si realmente hubiese matado, lo hubiera perdido. No pudiendo comprender el alcance del aviso, hizo una lectura que le calmó y le motivó a girar sus talones desnudos sobre la piedra y retornar a la humilde casa para hacer una oración...

Más adelante, Clarice supo que aquel ser había tenido un accidente con un arma de fuego y ese fue su final.

El fuego que incendiara las esperanzas de Clarice, reduciéndolas a cenizas, retornaba a su agitador.

Nada hay en el universo que no cumpla la ley de acción y reacción, siembra y cosecha; ¡la regla de oro para el buen vivir es conocerla bien y aplicarla bien en la vida!

Muchas veces una Clarice salta en nuestras noches y desciende por la ladera de la impaciencia y la cólera, buscando la vieja ley en oposición a la nueva: «ojo por ojo y diente por diente».

No te olvides, la voz del niño, que siempre perdona y olvida, se cruzará en tu camino...

Si la oyes, con certeza vendrá el ángel de la Justicia a realizar la Ley en toda su extensión, besándote en lo más íntimo con la certeza maravillosa de que el pastor sabe defender sus ovejas del verdugo inmolador.

Examínate: ¿está viva en ti la Clarice interna que salta por la falta de hábito en practicar las nuevas directrices del evangelio cristiano espírita? Preparémonos para perdonar... preparando nuestros oídos para atender a la voz infantil que nos indica Jesús.

ESTE ES MI CUERPO, COMEDLO

«Yo lo he visto y atestiguo que él es el Hijo de Dios.»
Juan 1:34

Jesús: campos de trigo sembrado por Dios, para el pan de la vida, ¡alimento esencial para el hambre de vida!

Jesús: campos de flores diseñados por Dios, para el pan de la belleza, ¡alimento esencial para el hambre de belleza!

Jesús: campos de estrellas liberadas en el espacio por Dios, para el pan de la luz, ¡alimento esencial para el hambre de luz!

Jesús: campos de palabras, alfabeto de la paz para el pan de la armonía, ¡alimento esencial para el hambre de paz!

Jesús: trigales, flores, estrellas y palabras, mundos reunidos en un solo mundo para liberar a la humanidad hambrienta del pan de la vida, del pan de la belleza, del pan de la luz y del pan de palabras... «Este es mi cuerpo, comedlo».

En esta cena del siglo, nos sentamos en la tarde con los niños, los ancianos y las mujeres y compartimos ese pan hecho de panes llamado Jesús, y he aquí que una oración se eleva, concreta e íntima, ¡hasta su bondadoso corazón!

Examínate: ¡eleva tu oración a Dios agradeciendo este pan, cena esencial en el atardecer del milenio, en que el nuevo tiempo despunta, lenta y suavemente!

Eurípedes Barsanulfo,
el apóstol de Jesús

EURÍPEDES: BREVES DATOS BIOGRÁFICOS

Eurípides nace el 1 de mayo de 1880, en Sacramento, Minas Gerais. De familia humilde, tiene una infancia pobre. Es un alumno ejemplar.

En 1901, con las maletas listas para cursar medicina en Rio de Janeiro, desiste para cuidar a su madre enferma...

Es introducido en el espiritismo por su tío, Mariano da Cunha Junior, en 1900.

El 27 de enero de 1905 funda el *Grupo Espírita Esperança e Caridade,* en su residencia, donde ya funciona la Farmacia con el mismo nombre.

El 1 de abril de 1907 inaugura, en Sacramento, el *Colégio Allan Kardec.*

Al lado, imagen del *Colegio Allan Kardec,* que funciona hasta hoy.

Con Mariano da Cunha, Bittencourt Sampaio y otros espíritas, lleva a cabo más de 30 casos de desobsesión.

Se enfrenta a la oposición cerrada de los católicos y de parte de la sociedad de Sacramento, por sus posiciones espíritas, pero nada le hace desfallecer.

Desencarna el 1 de noviembre de 1918, a las seis de la mañana, víctima de un terrible virus de gripe neumónica, conocida como gripe española, que afectó a centenares de personas en la región de Sacramento.

SACRAMENTO: EL CULTO A LAS 9H Y EL COLEGIO ALLAN KARDEC

Cual árbol, higuera viva y eterna, Eurípedes Barsanulfo nos enseña a amar el amor con que fuimos amados por Jesús.

Cuarto de Eurípedes, conservado como era cuando estaba vivo por Heigorinha, autora del libro «A Força da Mente» y psicógrafa de «Imagens do Além» y «Cidade do Além».

En la casa rural en que vivió y divulgó la doctrina, se mantiene hasta hoy el Culto del Evangelio en el Hogar, que tiene lugar a la misma hora en que Eurípedes lo hacía: a las 9 de la mañana, la misma hora en que Jesús fue crucificado... En tu hogar, a las 9h, sintoniza esta estación de luz con una oración.

LA GRAN ESPERA: LA HISTORIA DE EURÍPEDES ENTRE LOS ESENIOS

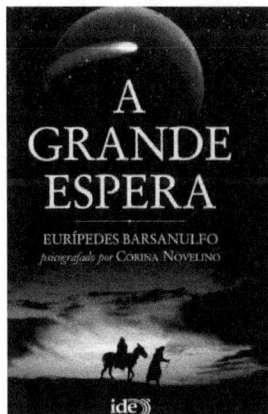

La historia del joven Marcos, a través de la mediumnidad de Corina Novelino, nos trae la trayectoria de Eurípedes entre los esenios. Vivían en comunidad a la espera de la gran luz, en la Finca de las Flores, y utilizaban las plantas para curar.

Los esenios hacían del trabajo manual, de la oración y de la fraternidad, los ejes que disciplinaban el cuerpo y el alma para ser dignos del encuentro que estaba por venir.

Este encuentro tuvo lugar y fue narrado de forma sutil, como una oración de gratitud a la grandeza del Padre que nos trajo a su hijo amado como camino, verdad y vida.

LA DUDA DE EURÍPEDES

En la trayectoria de la conversión de Eurípedes, un hecho decisivo le une fuertemente a su tío, Mariano da Cunha... «*Tio Sinhô*», como era conocido, ya espírita, fundó el 28 de agosto de 1900 el *Centro Espírita Fé e Amor*. Eurípedes respetaba las ideas del tío, pero se mantenía a distancia...

Cierto día, Mariano le da un ejemplar de la obra de León Denis, *Después de la Muerte*, Eurípedes lo lee y queda impresionado. Resuelve, entonces, ir al *Centro Espírita Fé e Amor*. Al llegar observa al amigo Arístides, un hombre inculto que estaba sentado a la mesa. ¡Pero... su expresión era tan diferente, bella, radiante! Luego vienen al pensamiento de Eurípedes las dudas sobre el Sermón de la Montaña, que no habían sido explicadas por el amigo cura. Enseguida hace una petición mental. ¡quería ser esclarecido!.

«Si es verdad que los espíritus se comunican con los vivos, ruego a Juan Evangelista que me esclarezca a través del médium Arístides.»

En poco tiempo, comienza la más grande y extraordinaria explicación filosófica doctrinaria que jamás hubiera conocido en esta existencia.

Eurípedes, emocionado y tocado...[1]

EN SANTA MARÍA, LA PRESENCIA DE MARIANO DA CUNHA JR

El 28 agosto de 1900, Mariano da Cunha Júnior, junto con Delfim Pereira da Silva, José Ferreira da Cunha, João Cândido, Luiz Ferreira da Cunha, João Pereira de Almeida, Jason Ferreira da Cunha,

---

1 Extraído de *Eurípedes, o médium de Jesus*, Ed. *Esperança e Caridade*.

Aristides de Oliveira y Emerenciana Euzébia de Mendoça (madrina de Eurípedes), fundan el *Centro Espírita Fé e Amor.* Primer centro espírita del interior de Brasil, que se populariza por las curas que ocurren allí a través de la farmacia homeopática. Las recetas eran psicografiadas, principalmente, por João Cândido y Mariano da Cunha. Es en este centro donde se produce la conversión de Eurípedes.

Hoy, bajo la dirección de tía Yola, sobrina de Mariano da Cunha, el centro mantiene la farmacia y los tratamientos de desobsesión, tía Yola también es una referencia en el arte espírita, por la actividad teatral que desarrolló en el *Centro Espírita Fé e Amor* durante muchos años.

LA EXPANSIÓN SILENCIOSA DE LA FE ESPÍRITA CRISTIANA

Las caravanas siguen en busca de referencias, esperando llegar un poco más cerca de esta obra de amor traída por Eurípedes y continuada por tía Yola, tía Heigorinha y tantos otros.

La gruta en la que se realizaron buena parte de las curas mediadas por Eurípedes, Mariano da Cunha y el grupo de médiums que les acompañaba, es un espacio de luz para los peregrinos que llegan continuamente a esta región.

Por todo Brasil, Eurípedes y Mariano son reconocidos por su dedicación y los nombres que escogieron como símbolos de amor cristiano —Fe y Amor, Esperanza y Caridad— son inspiración y modelo para muchos de los que encontraron en la Doctrina y en el reencuentro con Jesús un nuevo significado para sus vidas.

AMIC, como un niño amar...

EL ESPÍRITU Y LA OBRA

«Tengo sed»... y se vierte el agua de los corazones amigos.

Niños, amigos pobres, sin demasiados recursos, se reúnen para amar... amar como un niño.

Año 1990: un niño, S. pide Socorro. El padre fue asesinado, son varios hermanos, carencia del pan de la vida... La primera cesta de alimento es donada por Eliana dos Santos, su profesora en la escuela pública local. Así nace AMIC... ¡SOS HAMBRE!

Un niño y una persona de buena voluntad que se dan la mano... Este niño trajo a otro... Y este a otro más... Una red de amor... Algunas voces de cuerpos cansados, doloridos, crucificados, que recordaban al alma cristiana, a Jesús... nuestro Jesús visible... diciendo: «¡Tengo hambre!». Eliana, que sin demasiados recursos, oyó la voz que clamaba: «¡Tengo hambre!» e invitó a una amiga y a otra más... y estas, a otros más... AMIC, *Associação amigos da criança,* se va creando, ¡poco a poco! Donaciones de las más diversas, pero sobretodo de alimentos y de manos para el trabajo, los socios amigos, *¡socio AMIC!*

Descubre los Frutos del Espíritu de la Casa de Oração FÉ E Amor y de AMIC

SOS HAMBRE

A través de una red de amor, formada por donantes, la ley que nos une a todos: ¡caridad! Este trabajo de alimento fraterno reparte más de 73 mil litros de sopa anualmente.

La oportunidad de rescatar esa inmensa deuda social y afectiva, construida a lo largo de los siglos... *¡La desigualdad que, básicamente, es fruto del egoísmo y de la indiferencia moral del hombre!*

SOS ARTE ESPÍRITA CRISTIANO

La *Juventude Flammarion* nos trae, a través del teatro y de la música, el arte Espírita Cristiano.

SOS PALABRA VIVA

Cárita Editora Espírita, el departamento editorial de AMIC, contribuye a la divulgación de la doctrina espírita editando publicaciones semanales y libros de las psicofonías y psicografías que los Espíritus Amigos vienen enviando.

Conozca todos los títulos en lojacarita.com.br

AUDIO LIBRO DE *EL EVANGELIO SEGÚN EL ESPIRITISMO*

El audiolibro de la obra de Allan Kardec *O Evangelho Segundo o Espiritismo* narrado en portugués por Eliana dos Santos y Diego Luis. con un total de 22 horas de duración.

SOS EDUCACIÓN

Al lado vemos un testimonio gráfico del inicio de este sueño, la médium Eliana dos Santos —hermana Eliana, como fue apodada por la población y como es conocida por todos— en la construcción de la primera obra. En la actualidad la entidad cuenta con 3 educandarios que forman el *Instituto de Educação Pestalozzi-Kardec*, que acoge a 1300 niños y niñas, desde los 6 meses a los 12 años. Al inicio del día, a las 9 horas —tal como nos enseñó Eurípedes— la oración. Durante el día, el refuerzo escolar para los mayores y las artes circenses, la cerámica, la música, el teatro se alternan con los momentos de diversión, el momento de ser niños.

SOS AFECTO

El derecho a la vida desde el primer día: cada tercer domingo de mes, un encuentro sencillo, la oración por la vida en la *Casa de Oração Fé e Amor,* reuniendo a aquellos que buscan ser un instrumento de la espiritualidad en el rescate de aquellos que sufrieron la violencia del aborto. Y, el segundo domingo de mayo, la caminata silenciosa, iniciada en el centro de Campinas en defensa de la vida ¡en todas sus pulsaciones! *SOS A-fecto: ¡uniendo a todos los que ya no desean abortar más los sueños, la esperanza, la vida¡*

SOS MURALLAS

Con el movimiento «Estuve preso y me visitaste», llevando la oración y la hermandad a los presos, ofreciendo apoyo jurídico y asistencia a los familiares.

SOS FE

La atención a los dolores del alma como depresión, desesperación, etc., con el teléfono Hilo de la Fe.

INVITACIÓN A LOS CORAZONES DE BUENA VOLUNTAD

Estos y otros trabajos nacieron de un vigoroso impulso de amor al prójimo, de armonía entre el pensamiento y la acción. Con inmensa gratitud, AMIC deja esta invitación: ven a participar de estas realizaciones que son posibles gracias al inmenso amor del Padre.

Más información: www.amic.org.br

ÍNDICE